Delikatessen am Wegesrand

Un-Kräuter zum Genießen

Dr. Brigitte Klemme
Dr. Dirk Holterman

MÄDLER
Edition Rau

Literaturverzeichnis:

- Abtei Fulda, Pflanzensaft gibt Pflanzenkraft, 1983
- Crosby, Alfred W., Die Früchte des weißen Mannes, Campus Verlag, Frankfurt 1991
- Dioscorides, Pedanius, Kräuterbuch, Frankfurter Ausgabe 1610
- Elmadfa, L., Frutzsche, D. und H.D. Cremer, Die große Vitamin- und Mineralstoff-Tabelle, Gräfe und Unzer Verlag, München 1992
- Fischer, Susanne, Blätter von Bäumen, Zweitausendeins, Frankfurt 1984
- Franke, W., Vergleichende Qualitätsbewertung von Wild- und Kulturgemüse, Hochschultagung der landw. Fakultät, Universität Bonn
- Fuchs, Leonhard, New Kreutterbuch, Basel 1543
- Gallwitz, Esther, Kleiner Kräutergarten, Insel Verlag, Frankfurt/Main
- Grant, Michael und John Hazel, Lexikon der antiken Mythen und Gestalten, Deutscher Taschenbuch Verlag
- Larloux, Bruno, Tafelfreuden im Mittelalter, Belser Verlag Stuttgart
- Marzell, Heinrich, Zauberpflanzen, Hexentränke, Francksche Verlagshandlung, Stuttgart 1963
- Streeter, David, Hecken: Lebensadern der Landschaft, Gerstenberg Verlag, Hildesheim 1985
- Thomas, Eric und John T. White, Die Hecke, Gerstenberg Verlag, Hildesheim 1984

9. Auflage 2005

Umschlaggestaltung: Miguel Carulla, Düsseldorf
Layout und Gestaltung: Kirsten Mehnert, Miguel Carulla
Fotos: Dr. Brigitte Klemme

Printed in Germany
ISBN 3-925691-25-1

Gedruckt auf umweltfreundlichem, chlorfrei gebleichtem Papier

Inhalt

Vorwort

Tiefkühlpizza, Erbsensuppe aus der Dose, Kantinenessen, Restaurantmenü – es sind nicht immer Delikatessen, die wir zu uns nehmen. Und selten wissen wir, woher das kommt, was auf unserem Teller liegt.

Unser Essen ist ein Stück Natur, in unterschiedlichen Formen zubereitet. Aber wer weiß das noch? Hinter dem täglichen Brot stehen Kulturpflanzen. Es sind die Zuchtprodukte aus der wilden Formenvielfalt der Natur, entstanden durch jahrzehnte- und jahrhundertelange Auslese.

Wer ganz zurückgeht auf die Ursprünge der Kulturpflanzen, endet irgendwo in der Wildnis bei dem, was andere Unkraut nennen. Wilde Kräuter und Gräser sind die Urformen unserer Kulturpflanzen. Wer das weiß, für den ist es nicht überraschend, daß so manch schmackhaftes Kräutlein auch bei uns direkt neben dem Weg wächst.

Wir legen mit diesem Buch nicht nur ein neues Kochbuch für den täglichen Gebrauch vor. Es soll Liebe wecken zu den Kräutern am Wege. Liebe, die durch den Magen geht. Zuneigung, die auch nachdenklich macht, im Umgang mit Unkrautvertilgern jeder Art. Unsere Serie wendet sich an die Anfänger. Sie bietet neben den Rezepten die Geschichten und Anekdoten, die mit diesen Wegkräutern verbunden sind.

Natur als Lebensgrundlage – das ist das Thema hinter unserer Serie über die Delikatessen am Wegesrand.

Dr. Wilfried Bommert
Leiter der Redaktionsgruppe Umwelt und Landwirtschaft beim WDR

Mit Korb und Schere dem Unkraut auf der Spur

Ein Wildpflanzenkurs, geleitet von Dr. Brigitte Klemme:

„Ich möchte Sie mit einem Hopfen-Minze-Aperitif begrüßen und Ihnen das Delikatessen-vom-Wegesrand-Menü vorstellen. Wir beginnen mit mariniertem Camembert und wildem Majoran und Pfefferminz auf Beinwellsprossen, gefolgt von gefüllten Crepes mit Giersch und Brennessel, als Gemüse gebackene Bärenklausprossen mit Knoblauchsrauken-Soße, dazu Hollersekt und für die Kleinen eine Kräuterlimonade und zum Dessert Gierschparfait mit Gundermann-Konfekt."

Eine ungewöhnliche Speisekarte, die Brigitte Klemme ihren Gästen da anbietet. Köstlichkeiten aus Unkraut. Leicht skeptische Blicke wandern hin und her, als sich die 20 Teilnehmer aufmachen, ausgerüstet mit Korb, Schere und Handschuhen, hinaus in die unbekannte Wildnis.

„Das hier ist etwas, was jeder kennt. Genau, Vogelmiere. Da kann man ganz hervorragend einen Salat daraus machen, oder auch ein Brot backen. Alles, die ganze Pflanze kann man benutzen."

Im Kanarienfutter sieht das aber ganz anders aus. Nun gut. Man hat sich nicht umsonst für dieses Wochenende angemeldet, und die Kinder sollen ja auch was lernen. Und wer nachher speisen, zumindest aber nicht verhungern will, der muß jetzt erst einmal was tun.

„So wir gehen jetzt hier am Weg entlang und sammeln fürs Mittagessen Wiesen-Bärenklau, dann weiter unten den Spitzwegerich, und wenn wir an die Hecke kommen, dann wächst da Knoblauchsrauke, Gundermann und vor allem Giersch und Brennessel. Und wenn Sie dann jeder davon so eine Handvoll gesammelt haben, dann reicht das für uns alle zum Mittagessen."

Nun, abseits der gedüngten und gespritzten Felder, beginnt das Ausschwärmen. Jeder sucht, fragt, findet, vergleicht, riecht, probiert, sucht weiter, und so allmählich lockert sich die Stimmung. Ein hellgrünes Kraut sorgt für Aufregung.

„Da muß man halt die Blätter zwischen den Fingern zerreiben und dann duftet das, ja richtig – nach Knoblauch."

Jeder rupft ein Blatt ab, zerreibt es zwischen den Fingern – riecht, reibt weiter – und dann tatsächlich – langsam aber sicher entweicht dem grünen Blattbrei jener Duft, der tatsächlich einem Vergleich mit echtem Knoblauch standhält.

Nach derlei Erfahrungen macht sich die Solidarität eines Häufleins unerschrockener Außenseiter breit. Was vorher nur einfach grün war, wird nun als ein vielfältiges Durcheinander verschiedener Formen, Farbunterschiede und Gerüche wahrgenommen. Vieles davon sind die Unkräuter, pardon, Wildkräuter, die man seit Jahren vergeblich versucht hat aus dem eigenen Garten zu verbannen. Pflanzen – gesehen mit neuen Augen.

„Hier – Spitzwegerich mit den fünf Rippen auf der Rückseite. Und dann können wir hier auch noch Sauerampfer mitnehmen. Sind Sie sich da ganz sicher beim Sauerampfer? Den kann man erkennen hier unten an den Zipfelchen an den Blättern. Nun, wenn Sie nur ein paar dieser Pflanzen sich wirklich genau ansehen und nicht gleich alles kennen lernen wollen, dann brauchen Sie auch keine Bedenken zu haben, daß Sie irgendwas Falsches in Ihre Salatschüsseln bekommen.“

Kein Problem mehr. Sicher wird nun der Wiesen-Bärenklau vom giftigen Taumelkälberkropf unterschieden und einige Pfiffige haben sogar Wiesenkerbel und Kümmel entdeckt.

Die Körbe voll, die Beine müde, die Mägen knurren – jetzt geht es zurück zur Waldhütte.

Nun heißt es schneiden, wiegen, waschen, Feuer machen, anrühren, abschmecken, kleinschneiden, kochen, auslassen, anbraten, abschmecken, garnieren und wieder abschmecken. Und noch mal hier und da und dort, nahtlos geht das Naschen über ins delikatessenreiche Hauptmenü vom Wegesrand.

„Na? Magst Du das?“

Die Frage geht an einen kleinen Knirps, der fleißig mithilft, ein Sträußchen aus Gierschblättern für eine Kräuterlimonade zusammenzubinden – und nebenbei auch seinen Finger in die warme Schokolade steckt, die fürs Gundermannparfait vorgesehen ist.

Was für eine Frage. Strahlende Augen – und seine ebenfalls naschende Mutter ergänzt:

„Es schmeckt ganz hervorragend. Also wenn ich daran denke, daß ich das bisher als Unkraut aus meinem Garten vergeblich herausgerupft habe – blöd ne?“

Allgemeine Einführung

Ein Wort zuvor:

Wußten Sie, daß Pflanzen Lebewesen sind, die mit viel Anpassungsvermögen ihren Lebensraum erobert haben und an dieser Stelle eine wichtige Funktion in der Lebensgemeinschaft von Pflanzen, Menschen und Tieren ausüben? Zerstören wir also weder ihren Lebensraum, noch die Kräuter selbst.

Beim Sammeln von Kräutern denken Sie also bitte daran:

1. Wurzeln grundsätzlich nicht ausgraben, denn damit wird die Pflanze vernichtet.

2. Nie alle Blätter oder Blüten einer Pflanze abschneiden, denn es müssen stets so viele erhalten bleiben, daß die Pflanze weiterwachsen und erneut Blüten und Früchte ansetzen kann.

Denn: Wir möchten auch im nächsten Jahr wieder Kräuter sammeln.

Wie lerne ich Kräuter kennen?

Mit Hilfe dieses Buches, eines guten Bestimmungsbuches und unter Anleitung einer/s erfahrenen Kräuterfrau/manns.

Wo finde ich Kräuter?

An Wiesenrändern, Bachufern, Hecken, trockenen Hängen, Brachflächen, Waldrändern, Feldrändern und natürlich im eigenen Garten.

Wo kann ich Kräuter sammeln?

Überall dort, wo Flächen nicht intensiv landwirtschaftlich genutzt werden und überall dort, wo keine vielbefahrene Straße in der Nähe ist.

Wo kann ich nicht sammeln?

In der Nähe von gespritzten Feldern, Obstplantagen, Weinbergen, Gärten sowie an Rändern vielbefahrener Straßen.

Wo darf ich nicht sammeln?

In Naturschutzgebieten oder mitten in einer Nutzwiese.

Was darf ich nicht sammeln?

Geschützte Pflanzen, seltene, aber noch nicht geschützte Pflanzen und natürlich giftige Pflanzen.

Was brauche ich zum Sammeln?

1. Bestimmungsbuch
2. Schere zum Abschneiden
3. Körbchen für Heilkräuter, Eimer oder ein ähnliches Gefäß für Wildgemüse und Würzkräuter

Anmerkung:
Wildkräuter grundsätzlich vor dem Verzehr gut waschen!

Welche Wildgemüse und Würzkräuter gibt es?

Wildgemüse (Blätter) und Würzkräuter (Blätter und/oder Blüten) können allein oder als Zugabe zu herkömmlichen Gemüsesorten verwendet werden.

Tip für Anfänger/innen:

Beginnen Sie zuerst in Ihrem Garten oder in Ihrer näheren Umgebung, Pflanzen zu unterscheiden. Üben Sie das Bestimmen mit einem Bestimmungsbuch. Konzentrieren Sie sich beim Sammeln auf nur einige Arten, die Sie ganz sicher erkennen können.

Welche Kräuter gibt es:

Grundtee-Kräuter

Als Grundtee-Kräuter bezeichnet man Kräuter, die keine spezielle Heilwirkung haben und deshalb als tägliches, aromatisches Getränk verwendet werden können.

Heilkräuter

Heilkräuter sind solche Kräuter, die ausschließlich zur Vorbeugung oder Unterstützung eines Heilprozesses gegeben werden. Sie werden kurmäßig angewendet, d.h. mindestens 14 Tage, jedoch nicht länger als 6 Wochen, trinkt man täglich 2 bis 3 Tassen des entsprechenden Heiltees. Nach einem halben Jahr kann die Kur wiederholt werden. Außerdem werden in besonderen Fällen Heilkräuter auch bei akuten Erkrankungen eingesetzt.

Wildgemüse

Wildgemüse sind Kräuter, die sich geschmacklich und besonders wegen des hohen Vitamin- und Mineralstoffgehaltes für eine gesunde Ernährung eignen. Sie werden als Salat oder Gemüse zubereitet.

Würzkräuter

Wildgemüse, die ein sehr intensives Aroma besitzen, werden als Würzkräuter bezeichnet. Sie werden Salaten, Gemüse, verschiedensten Soßen, Nachspeisen und Getränken zugegeben. Duftende Blüten eignen sich zur Herstellung von Getränken, Gelees und Nachspeisen.

Welche Pflanzen und Kräuter kann ich nutzen (kleine Auswahl)?

Name	Geschmack	Verwendung
Aufgeblasenes Leimkraut Fette Henne	sehr mild, süßlich	**Wildgemüse:** Salat
* Beinwell * Brennessel * Gänseblümchen * Giersch Klee (rot/weiß) * Knoblauchsrauke * Labkraut Melde, weiße Schlangenknöterich * Spitzwegerich * Wiesen-Bärenklau * Vogelmiere	neutral bis fein würzig	**Wildgemüse:** Salat, Suppen, Blattgemüse, Gemüserouladen
* Löwenzahn Schafgarbe Weidenröschen	herb bis bitter	**Wildgemüse:** Salate, Suppen
Ackerhellerkraut Barbarakraut Hirtentäschel Wiesenschaumkraut	„Rettich-Geschmack" scharf	**Würzkräuter:** Salatsoßen, Kräuterquark, Kräuterbutter, Dips
Dost (Blüten/Blätter) * Giersch * Gundermann * Knoblauchsrauke Möhre Pimpinelle Pfefferminz Sauerampfer Taubnessel, weiß Taubnessel, gefleckt	sehr aromatisch	**Würzkräuter:** Suppen, Füllungen, Soßen, Kräuterquark, Kräuterbutter, Salat. Getränke, Nachspeisen
* Roter Holunder * Schwarzer Holunder * Weißdorn	fruchtig, säuerlich	**Wildfrüchte:** Getränke, Marmeladen, Nachspeisen

* Kräuter, die man leicht erkennt, überall findet und die im Buch aufgeführt sind.

Beifuß

Artemisia vulgaris (Asteraceae, Korbblütler), Donnerkraut, Krutwisch, Sparrekraut, Mugwort (Engl.), Armoise (Franz.)

Wermut

Artemisia absinthium (Asteraceae, Korbblütler)

Vom schmackhaften Geist in der Flasche

Eifelgeist, Klosterlikör, Fernet branca, Likörnamen, hinter denen sich in dunklen Flaschen geheime Kräutermixturen verbergen. Die Kräuterliköre von Brigitte Klemme sehen allerdings eher aus wie Gärten in der Flasche.

Meine Kräuterliköre werden nicht nach geheimer Rezeptur zubereitet, denn jeder kann die verwendeten Kräuter in der Flasche erkennen. Aber – und das ist vielleicht doch das Geheimnis – die Kräuterkombination ist nicht zufällig zusammengestellt. Hier habe ich einen Magenbitter, der den Appetit anregt und hier einen, der die Verdauung fördert, und dieser hier wirkt beruhigend.

Also, Ihre Liköre sehen fast zu schön aus, als daß man sie trinken sollte. Die verschiedensten Blattformen in unterschiedlichen Grün- und Gelbtönen sind einfach wunderschön anzusehen. Was ist denn da alles drin?

In diesem beruhigenden Likör ist ein Blütenstengel Beifuß und Schafgarbe und ein ganz klein wenig Wermut. Also Kräuter, die man überall findet. Ich stecke sie in eine hübsche Flasche und gieße 32-prozentigen Korn darüber. Alle Blätter müssen gut mit dem Alkohol bedeckt sein, damit sie nicht schimmeln. Nach 6 – 8 Wochen hat der Magenbitter sein volles Aroma entwickelt und kann gekostet werden.

Das ist alles?

Ja, das ist alles.

Kann man denn alle Pflanzen für Kräuterschnaps verwenden, die am Wegesrand wachsen?

Alle Kräuter natürlich nicht. Es müssen Kräuter sein, die stark duften, das heißt, sie müssen viel ätherisches Öl enthalten. Denn diese Öle sind es ja, die die vielfältigen Wirkungen auf uns ausüben. Selbstverständlich dürfen es auch keine giftigen Kräuter sein, das ist klar. Die Zusammenstellung der Kräuter für den Likör ist eine Kunst, die man lernen und auch selbst herausfinden kann. Man möchte ja eine bestimmte Wirkung erzielen oder – das geht auch – ein angenehmes oder interessantes Aroma erhalten.

Müssen die Kräuter nach acht Wochen nicht aus dem Alkohol entfernt werden?

Nein, das ist nicht notwendig. Ich lasse sie solange in der Flasche, bis der Inhalt aufgebraucht ist. Die Kräuter können jetzt ruhig aus dem Alkohol herausragen. Sie schimmeln nicht mehr, denn der Alkohol hat sie konserviert. Es sieht auch viel schöner aus, wenn der „Likörgarten" auf diese Weise erhalten bleibt.

Bei Likör denke ich eher an ein süßes Getränk. Verwenden Sie denn auch Zucker in den Kräuterlikören?

Das kommt darauf an. Wenn ich einen Magenbitter als Medizin zubereite, dann gebe ich keinen oder nur ein paar Kristalle weißen Kandis zum Abrunden des Aromas zu. Ein Likör, der auch eine Gaumenfreude sein soll, enthält etwa 80 – 100 g Kandis auf einen dreiviertel Liter Korn. Der Likör hat dann eine angenehme Süße.

„Magenbitter", lese ich auf diesem Etikett. Da sind doch eindeutig Löwenzahnblüten in der Flasche.

Richtig, das sind Löwenzahnblüten. Die ergeben den einfachsten Magenbitter zur Förderung der Verdauung, den ich mir vorstellen kann. Die Blüten sammle ich an einem sonnigen Tag am Vormittag und lasse sie etwa 30 min. offen liegen, damit alle kleinen schwarzen Käfer geflüchtet sind. Etwa 25 – 30 Blütenköpfchen reichen für eine Flasche Korn. Und im Herbst grabe ich zum gleichen Zweck die Löwenzahnwurzeln aus. Übrigens sind dies die einzigen Wurzeln, die ich ohne

Kräuterliköre

Hemmungen ausgraben kann. Ansonsten bleiben Wurzeln immer unberührt, denn schließlich möchte ich keine Pflanzen ausrotten.

Und das ist wieder alles?

Ja. Allerdings, wer möchte, kann auch wieder ein wenig weißen Kandiszucker zufügen.

Also, Zucker und Alkohol heißt bei mir immer dicker Kopf, ist das hier auch so?

Ja nun, wenn ich zuviel davon trinke, bekomme ich auch hier einen dicken Kopf, und die positive Wirkung wird von der negativen weit übertroffen. Diese Kräuterliköre oder Magenbitter verstehe ich als Medizin, die in geringen Mengen sozusagen eierlöffelweise eingenommen werden. Schlehe- oder Hagebuttenlikör ist eher etwas, um sich daran zu erfreuen.

Beifuß Blütenknospen

Wie erkenne ich Beifuß?

- **an den zerschlitzten Blättern, die Blättern von Chrysamthemen zum Verwechseln ähnlich sehen**
- **an den Blättern, die auf der Oberseite dunkelgrün und auf der Unterseite silbrig sind**
- **zur Blütezeit an den bis zu 1,6 m hohen, reich verzweigten und buschigen Stauden**
- **am angenehm zitronenwürzigen Duft der zerriebenen Blätter, besonders aber der Blüten**

Wo finde ich Beifuß?

- überall an trockenen, steinigen Wegrändern, Böschungen, Schuttplätzen

Womit kann ich Beifuß und Wermut verwechseln:

- im Blattstadium mit Jakobsgreisenkraut, das keine silbrige Blattunterseite hat und beim Zerreiben der Blätter nicht duftet. Die Blüten von Jakobsgreisenkraut sind gelb.

Historisches

Der Name Beifuß hat sicher nichts mit dem Kommando „bei Fuß“ zu tun, sondern geht auf das althochdeutsche Wort biboz oder bivot zurück, was schlagen, klopfen bedeutet.

Beifuß war ein magisches Kraut, mit dem böse Geister ausgetrieben und ausgeschlagen wurden. Dieser Glaube lebt noch als Aberglaube im Namen

Beifuß

Wermut

Donnerkraut, Sparrekraut und Krutwisch weiter. Ein Strauß aus Beifuß, den man Mitte August zur Kräuterweihe segnen ließ, wurde unter den Dachboden oder auch in den Hauseingang gehängt, um den Teufel fernzuhalten und sich vor Blitz und Donner zu schützen. Im Rheinischen enthielt der Strauß zur Kräuterweihe ausschließlich Beifuß.

Beifuß und andere Kräuter, die Mitte Juni zu Johanni blühen, nannte man Johanniskräuter. Diese dem Licht und damit der weißen Magie zugeordneten Pflanzen sollten vor Krankheiten schützen. Besondere Heilkräfte sagte man einem Gürtel aus Beifußstengeln nach, der im Johannisfeuer verbrannt wurde.

Interessant ist auch der Glaube an die fiebersenkende Teufelskohle, die sich nur zur Zeit der Sonnwende Punkt 12 Uhr mittags unter einer Beifußpflanze ausgraben läßt. In der Tat findet man im Sommer, nicht aber im Herbst im Wurzelbereich braunschwarze „Kohle", die allerdings ziemlich eindeutig aus abgestorbenen und verrottenden Blättern besteht. Ob das die magische Kohle war?

Die heilende Kraft von Beifuß wird wie die von Wegerich in dem angelsächsischen Neunkräutersegen beschworen:

Erinnere du dich, Beifuß, was du verkündetest,
was du anordnetest in feierlicher Kundgebung.
Una heißest du, das älteste der Kräuter,
du hast Macht gegen drei und dreißig,
du hast Macht gegen Gift und gegen Ansteckung,
du hast Macht gegen das Übel, das über das Land dahinfährt.

Beifuß wurde nicht nur als magisches Kraut benutzt, sondern auch als Gewürz für fette Speisen. Auch heute wird er noch gerne Gänsebraten oder Schweinebraten zugegeben. Die Inhaltsstoffe regen die Sekretion der Verdauungssäfte an, so daß Schweinefleisch, Schweineschmalz sowie Gänsebraten und Gänseschmalz bekömmlicher werden.

Wie unterscheide ich Beifuß und Wermut?

- die Blätter von Wermut (Artemisia absinthium) sind silbrig weiß, sowohl auf der Ober- als auch auf der Unterseite, von Beifuß dagegen nur auf der Unterseite
- Wermut duftet sehr auffällig schon nach leichter Berührung der Blätter und schmeckt extrem bitter im Gegensatz zu Beifuß

Naturgarten Tip

Die mehrjährige Staude Beifuß mit den silbrigen und grünen Blättern und der strauchigen Wuchsform ist eine dekorative Pflanze, die einen sonnigen und steinigen Platz im Garten beleben kann. Sie gehört auch in den Kräutergarten zusammen mit dem verwandten Wermut. Beide Arten verbreiten sich vehement, denn eine Pflanze produziert bis zu 700 000 Samen pro Jahr.

Beifußpollen sind wie bei vielen Korbblütlern ein Alptraum für Allergikerinnen und Allergiker. Leider müssen diese Personen dann auf die Staude in ihrem Garten verzichten.

Extras

Beifuß Blütenknospen haben einen angenehm aromatischen Duft und eignen sich gemischt mit anderen Kräutern zur Herstellung von Kräuterkissen. Die langen Rispen mit den zahlreichen Blütenknospen werden zwischen den Fingern von den Stengeln gestreift und zum Trocknen an einen schattigen, warmen und trockenen Ort auf Papier oder einem Tuch ausgelegt. Nach 2 – 3 Wochen sind die Blüten getrocknet und werden, bis alle Kräuter für das Kissen vorhanden sind, in einem Leinenbeutel aufbewahrt.

Kräuter für ein beruhigendes Kräuterkissen:

Waldmeister (Blätter)
Holunder (Blüten)
Kamille (Blüten)
Beifuß (Blütenknospen)
ein wenig Wermut (Blütenknospen)
ein wenig Pfefferminz (Blätter)
Wilder Majoran (blühendes Kraut)

und aus dem Kräutergarten:
Melisse (Blätter)
Lavendel (Blüten)
Salbei (Blätter)
Thymian (Blätter und Blüten)

Die Kräuter (jeweils 2 Hände voll) werden etwa zu gleichen Teilen (bis auf Pfefferminz und Wermut) miteinander vermischt. In einem Mörser zerstößt man 2 Gewürznelken und mengt sie als Fixativ des Duftes unter die Kräuter. Ein Nesselkissen (30 x 30 cm) wird mit den Kräutern gefüllt, mit einer Watteschicht umhüllt und in einen dekorativen Bezug gestopft. Das weiche, duftende Kissen legt man sich neben das Kopfkissen, drückt es ein wenig, damit es immer von neuem duftet, und atmet das Aroma gleichmäßig ein.

Inhaltsstoffe

Ätherische Öle
Bitterstoffe
Vitamin A1, B1, B2, C (Blätter)

Verwendung:

Beifuß: Blätter und Blütenknospen zu
Likör, Wein, Getränken, Füllungen, Brot, Brötchen, Brotaufstrich, Salaten
Wermut: Heiltee

Blütenknospen

Gefüllte Tomaten, S. 125
Grüne Plätzli, S. 126
Kräuterbutter, S. 120
Kräuterkartoffeln, S. 133
Kräuterlikör, S. 120
Kräuterschmalz (pflanzlich), S. 121
Wildkräuter-Pesto, S. 121
Würzbrot, -brötchen, S. 117
Taboulé mit Wildkräutern, S. 135

Blätter

Grüner Kartoffelsalat, S. 126
Gedünstetes Wildgemüse, S. 130
Wiesensalat, S. 130

Sammeln und aufbewahren:

Beifuß ist am aromatischsten, wenn die Blüten noch nicht aufgeblüht sind. Die zahlreichen kleinen Knospenkugeln sollen bei der Ernte grün sein. Ist bereits ein unscheinbarer gelber oder gar brauner Kranz zu erkennen, dann sind die Blüten geöffnet oder bereits verblüht. Man kann auch jetzt noch sammeln, aber das Aroma ist nicht mehr so kräftig. Im Frühjahr, wenn die Pflanze noch keine rutenförmige Stengel ausgebildet hat, lassen sich die Blätter Wildgemüse und Salaten beigeben.
Etwa ab Juni werden die Blütenknospen von den Stengeln gestreift und frisch oder getrocknet verwendet. Blätter verwertet man dagegen immer frisch.
Für Wermuttee werden ebenfalls die Blütenknospen wie bei Beifuß gesammelt.

Beinwell

Symphytum officinale
(Boraginaceae, Rauhblattgewächse),
Wallwurz, Schwarzwurz, Bienenkraut,
Comfrey (Engl.), Consoude (Franz.)

Knochenbruch mit Briekäse

Wenn der lateinische Name einer Pflanze mit „officinalis" endet, dann ist das ein Hinweis darauf, daß man schon in früherer Zeit dieser Pflanze Heilkräfte zuschrieb. Und wenn eine Pflanze schon Beinwell heißt, Symphythum officinale, dann müßte es sich, wie sein Name vermuten läßt, tatsächlich um eine solche Heilpflanze handeln?

Vom Beinwell werden sogar wahre Wundergeschichten erzählt. Komplizierte Knochenbrüche, offene Beine, Hautabschürfungen und andere Verletzungen, alles wurde mit Beinwell geheilt. Auch die pharmazeutische Industrie hat die Bedeutung von Beinwell schon lange erkannt, denn man setzt die heilenden Wirkstoffe vielen Salben und Medikamenten zu.

Alten Pflanzenbüchern ist zu entnehmen, daß man täglich ein Blatt Beinwell essen soll. Das wirke blutreinigend und soll die eigenen Abwehrkräfte stärken. Bei soviel Positivem zählt Beinwell sicherlich auch zu den Delikatessen vom Wegesrand?

Besonders vom Wegesrand. Denn Beinwell ist eine Pflanze, die man vor allem an feuchten und humusreichen Bachrändern, Wiesen- und auch Feldrändern findet. Die mächtige Pflanze ist nicht zu übersehen mit ihren üppigen und kratzigen Blättern. Die Blüten können verschiedene Farben haben. Manche Pflanzen blühen blau und rosa, andere gelblichweiß. Beinwell läßt sich sehr gut im Garten anpflanzen. Man braucht dann für diese Delikatesse nicht erst weit zu laufen.

Aber werden mir die rauhen Blätter nicht im Halse stecken bleiben?

Beinwellblätter sind in rohem, also frischem Zustand wegen der borstigen Haare tatsächlich etwas kratzig, deshalb bevorzuge ich ihn gedünstet, gekocht oder in Marinade eingelegt z.B. zusammen mit mariniertem Käse. Käse auf Beinwell – diese Gaumenfreude möchte ich Ihnen heute zubereiten.

Dazu haben Sie schon einiges vorbereitet, neben dem Beinwell haben Sie auch eine ganze Menge anderer Kräuter gesammelt.

Pfefferminz und Wilder Majoran, auch Dost oder Origano genannt, gehören dazu. Zuerst wasche ich die Kräuter und tupfe sie gut trocken. Wenn Sie wollen, können Sie inzwischen eine unbehandelte Zitrone schälen und Knoblauchzehen in feine Scheiben schneiden. Als Käse mag ich am liebsten frischen Briekäse. Ich zerteile ihn in mundgerechte Häppchen, sogenannte Gabelbissen. Dann schichte ich alles in einer Schüssel übereinander. Als unterste Lage kommen je zwei Stengelchen Pfefferminz und wilder Majoran hinein, dazu zwei bis drei Stücke Zitronenschale und die Scheiben einer Knoblauchzehe. Anschließend eine Lage Käsestückchen und so weiter, bis alles eingeschichtet ist. Obendrauf müssen Kräuter liegen.

Das wirkt noch etwas trocken. Da fehlt wohl noch die entscheidende Marinade?

Richtig. Für die Marinade rühre ich ein Teil Olivenöl, ein Teil Wasser und ein wenig Zitronensaft zusammen. Zum Schluß wird mit Salz abgeschmeckt, etwas frischgemahlener Pfeffer zugegeben und alles über den Käse und die Kräuter gegossen. Jetzt decke ich die Schüssel ab und lasse sie wenigstens 12 Stunden im Kühlen stehen. So viel Zeit müssen wir dem Käse schon geben, damit er richtig aromatisch wird. Danach kommen auch die Beinwellblätter in die Marinade. Dazu richte ich das Ganze auch optisch her. Eine schöne Schüssel wird mit den gesammelten Beinwellblättern in doppelter Schicht ausgelegt, und darauf kippe ich den Käse samt Marinade. Jetzt muß alles noch etwa drei bis vier Stunden ruhen, damit auch die Beinwellblätter richtig von der Marinade durchsogen sind. Die schmecken dann ganz besonders gut.

Also gegessen wird dann nicht nur der Käse?

Nein, die Beinwellblätter wie auch die anderen Kräuter sind einfach ein Genuß. Wer sich besonders viel Mühe machen will, kann z.B. die Käsestückchen in die Beinwellblätter einwickeln. Ein Holzspießchen sorgt dann dafür, daß das Ganze nicht wieder aufgeht. So hat man auch gleich was zum Anfassen. Das ist etwas für einen abendlichen Imbiß mit Vogelmierenbrötchen oder als Beilage zum Holunderwein und anderen Weinen – so wie 's jeder gerne mag.

Wie erkenne ich Beinwell?

- **an seinen großen, sehr kratzigen Blättern, die in manchen Regionen auch „Ochsenzungen“ genannt werden**
- **an den Stengeln, die „geflügelt“ sind. Das Blatt läuft am Stengel herab bis zum Ansatz des nächsten Blattes**
- **an den glockenförmigen Blüten, die an ein und derselben Pflanze rosa und blau sein können, an einer anderen dagegen cremeweiß**
- **an dem Gurkenduft der zerriebenen Blätter**
- **an dem auffällig schleimigen Saft, der aus Blättern und Stengeln austritt, wenn sie zerrieben werden**

Beinwell Blüten

Beinwell Blätter

Wo finde ich Beinwell?

- an feuchten Gräben in der Nähe von Feldern oder Wegrändern
- in nassen Wiesen
- überall, wo der Boden nährstoffreich, basisch und feucht ist

Womit kann ich Beinwell verwechseln:

- mit den Blättern des giftigen Fingerhutes

Merke:

- Beinwellblätter sind rauh und kratzig
- Fingerhutblätter sind angenehm weich behaart, und zerrieben duften sie nie nach Gurken

Historisches

Beinwell und Borretsch sind traditionelle Heil- und Gemüsepflanzen, die ihren Platz bis in unsere Zeit behauptet haben. In der modernen Phytotherapie sowie der Vollwerternährung werden beide Arten angewendet.

Borretsch, der lateinisch Borago heißt, gab der Pflanzenfamilie den Namen: Boraginaceae. Und wenn man dem kräuterkundigen Hieronymus Bock glaubt, so ist der Name aus dem lateinischen „cor ago“ entstanden, weil „es ein recht Herzkraut ist“ denn übersetzt heißt der Name „ich erfreue das Herz“. Allerdings ist die deutsche Bezeichnung Rauhblattgewächse viel überzeugender, denn die Blätter von Beinwell und Borretsch sind so rauh, daß sie die Haut unangenehm aufkratzen können. Dieses Merkmal macht es einfach, Rauhblattgewächse zu erkennen und Beinwell im Blattstadium vom giftigen Fingerhut zu unterscheiden.

Borretsch ist als Gewürz- und Heilpflanze aus dem östlichen Mittelmeerraum über Spanien nach Mitteleuropa eingeführt worden, während Beinwell aus dem eurosibirischen Raum stammt. Dort ist auch die verwandte Art Komfrey (Symphytum asperum) zu Hause, die im Kaukasus und im Iran als eiweißreiche Futterpflanze noch immer genutzt wird.

Der Name Beinwell hat nichts mit dem englischen Begriff „well“ noch mit der „Welle“ etwas zu tun. Althochdeutsch heißt wellen oder wallen vielmehr zusammenwachsen und Bein nicht etwa „Bein“ sondern Gebein oder Knochen. So ergibt sich aus dem Namen schon die Anwendung: Tee aus den Beinwellwurzel fördert die Wund- und Knochenheilung. Diese heilende Wirkung beschreibt Leonhard Fuchs ausführlich in seinem Kräuterbuch. Auch in den Rezepturen der Äbtissin Hildegard von Bingen fehlt Beinwell nicht. Sie empfiehlt folgendes bei Bauchfellrissen: Die kleingeschnittene Wurzel sollte in Wein gelegt werden, „damit dieser den Geschmack von innen annimmt“ und „diesen Wein soll er trinken, bis er geheilt wird, weil die Kälte des Beinwells und die Wärme des Weines den Riß wieder zusammenzieht“.

Beinwell wird auch Schwarzwurz genannt, denn die Wurzel ist außen tiefschwarz und innen weiß. Die ausdauernde Wurzel diente schon früher Heilzwecken, die Blätter und Sprossen dagegen wurden und werden als Gemüse genutzt. Schwarzwurz oder Beinwell hat nichts mit dem bekannten Gemüse Schwarzwurzel zu tun, das ebenfalls eine schwarze Wurzel hat.

Naturgarten Tip

In jedem naturnahen Garten wird sich sicher ein Platz für ein oder zwei Beinwell-Stauden finden lassen, denn Platz benötigen sie in der Tat. Die Staude gedeiht besonders üppig, wenn der Boden nährstoffreich und gut durchfeuchtet ist. Sie entwickelt sich aber auch unter weniger guten Bedingungen. Außerdem braucht Beinwell Sonne, damit sich die zahlreichen Blüten entwickeln können. Beinwell ist nicht nur eine köstliche Gemüse- und Heilpflanze, sondern auch eine Bienenweide par excellence. Wie Borretsch produzieren die Blütenglöckchen reichlich Nektar, nämlich bis zu 2,6 mg pro Tag und Blüte.

Beinwell entwickelt ein kräftiges Wurzelwerk, das über einen Meter in die Erde eindringen kann. Hat man also einmal Beinwell im Garten, so hat man ihn immer und kann auch Wurzelstücke herausgraben, um sie zu verpflanzen, zu verschenken oder Beinwellsalbe daraus herzustellen. Stauden gibt es zwar in Gärtnereien zu kaufen, aber bestimmt bekommt man auch Wurzelstücke geschenkt.

Nach der ersten Blüte wird die Staude zurückgeschnitten und entwickelt rasch neue, saftige Blätter und auch Blüten, selbst wenn der Sommer sehr trocken ist.

Sollten mehr als genug Beinwellblätter im Garten vorhanden sein, so ergeben sie eine gute Mulche einerseits und besten Kompost andererseits, denn sie enthalten reichlich Eiweiß und liefern den Pflanzen somit Stickstoff zum Wachsen. Es läßt sich auch eine angegorene und gegorene Beinwelljauche als Flüssigdünger für Stauden und Zimmerpflanzen ansetzen, mit der sie alle 14 Tage, wenn nötig auch wöchentlich, gegossen werden. Vergorene Jauche eignet sich zur Düngung von Tomaten, Sellerie und Kohlarten.

So wird Beinwelljauche angesetzt:

1. Angegorene Jauche:
2 Hände voll Beinwellschnitt (Blätter, Stiele, herausgeschnittene Blattrippen) werden in 10 l angewärmtem Wasser 3 – 4 Tage angegoren und sofort in einer Verdünnung von 1:5 verwendet.

2. Gegorene Jauche:
1 kg frische oder 100 – 200 g getrocknete Blätter und Stengel in 10 l Regenwasser ansetzen. Nach 3 – 4 Tagen beginnt die Jauche, schleimig zu werden und nach einer Woche ist sie gebrauchsfertig. Die Jauche wird 1:10 verdünnt auf feuchtem Boden ausgebracht.

Extras

Sicher ist vielen schon die veränderliche Farbe der Blütenglöckchen des Beinwell aufgefallen. Die Farben Rosa und Blau scheinen beliebig vorzukommen. Jedoch bei genauerem Hinsehen und Beobachten des Aufblühens und Verwelkens der Blüten ist unschwer zu erkennen, daß die Knospen und jungen Blüten rot und die älteren blau sind. Der Farbstoff, der diese Wandlung durchläuft, gehört chemisch zur Gruppe der Anthocyane und reagiert auf Veränderung des Säuregehaltes mit einem Farbwechsel. Dieses faszinierende Farbspiel läßt sich leicht mit Rotkohlsaft nachvollziehen. Man nehme: Drei kleine Gläser, fülle jeweils eines mit Essig (sauer), Leitungswasser (neutral) und Schmierseifenlauge (alkalisch) und gebe den Rotkohlsaft dazu. Der Saft verfärbt sich rot, blau und fast grün. So ist auch verständlich, daß in manchen Regionen das Gemüse Rotkraut und in anderen Blaukraut heißt, denn je nach Kochgewohnheit wird Essig oder Natron (alkalisch) zugesetzt. Einen vergleichbaren Wechsel zwischen sauer und alkalisch durchläuft der Stoffwechsel der Beinwellblüten, die so ihre Farbe verändern. Dieses Phänomen, an dem auch Metalle beteiligt sind, läßt sich auch bei Hortensien und Lungenkraut beobachten. Im Rheinland bekam deshalb Lungenkraut den hübschen Namen „Hänsel und Gretel".

Auch die Samen von Rauhblattgewächsen sind etwas Besonderes, denn sie sind mit einem fleischigen Anhängsel versehen, das Öl enthält. Ameisen sammeln eifrig die Samen mit diesen Ölkörpern, der ein willkommener Leckerbissen ist. Auf diese Weise werden Beinwellsamen verschleppt und verbreitet. Es verwundert also nicht, daß im Garten weit entfernt von der Stammpflanze neue entstehen.

Die rauhen Haare auf Stengeln und Blättern, die der Familie den Namen gegeben haben, sind deswegen so rauh, weil ihre Wände durch Kalk- und Kieselsäureeinlagerungen verkrustet sind. Kieselsäure ist aber auch in Blättern und Stengeln vorhanden und zwar in einer löslichen Form, was äußerst selten im Pflanzenreich ist. Sicherlich ist dieser besondere Inhaltsstoff mitverantwortlich für die Heilwirkung von Beinwell. Außerdem enthält die Pflanze besonders in den Wurzeln Allantoin, das entzündungshemmend wirkt und ebenfalls im Pflanzenreich selten vorkommt; im Harn von Säugetieren ist die Substanz dagegen häufig vorhanden. Vielen kosmetischen Präparaten wird Allantoin zur Heilung von Entzündungen zugesetzt, wie z.B. Aknecremes oder Rasierwassern.

Beinwellwurzeln enthalten aber auch Alkaloide mit dem Namen Pyrrolizidine, die im Übermaß eingenommen zu Schädigungen der Leber führen können. So werden intensive Teekuren mit Beinwell heute nicht mehr empfohlen. Die Blätter enthalten nur Spuren des Alkaloides.

Verwendung:

Blätter, Blütensprossen zu
Gemüse, Suppen, Beilagen, Brot/Brötchen

Blätter

Beinwellauflauf (Stengelauflauf), S. 129
Gefüllte Blätter mit Kräuterkäse, S. 132
Gedünstetes Wildgemüse, S. 130
Gefüllte Blattrouladen, S. 124
Grüne Brötchen, S. 116
Kräuter-Vollkornbrot, S. 116
Marinierter Briekäse auf Beinwell mit
Dost und Pfefferminz, S. 134
Wiesensuppe, S. 129

Blütensprossen

Beinwellsprossen im Teigmantel
(Blätter im Teigmantel), S. 125
Eingelegte Beinwellsprossen
(Stengel süß sauer), S. 135
Gedünstete Beinwellsprossen
(Gedünstetes Wildgemüse), S. 130

Inhaltsstoffe

Allantoin
Consolidin
Schleime
Gerbstoffe
Alkaloid Pyrrolizidin

Sammeln und aufbewahren:

Beinwellblätter lassen sich von April bis Oktober ernten, wenn die Stauden immer wieder zurückgeschnitten werden. Sollen aber auch Blütensprossen verwendet werden, so wird Beinwell nur einmal nach der Blüte reduziert. Auch während der Blütezeit sind die Blätter zart und aromatisch. Es empfiehlt sich, die dicke Mittelrippe flach zu klopfen oder mit der Schere herauszuschneiden. Blätter werden frisch verwertet, höchstens ein paar Tage im Kühlschrank aufbewahrt. Blütensprossen werden gesammelt, wenn die Blüten noch nicht aufgeblüht sind. Verwertet werden sie ebenfalls frisch.

Brennessel

(Urticaceae, Brennesselgewächse)

Große Brennessel

Urtica dioica,
Nettle (Engl.), Grande Ortie (Franz.)

Kleine Brennessel

Urtica urens Annuel,
Nettle (Engl.), Orte brulante (Franz.)

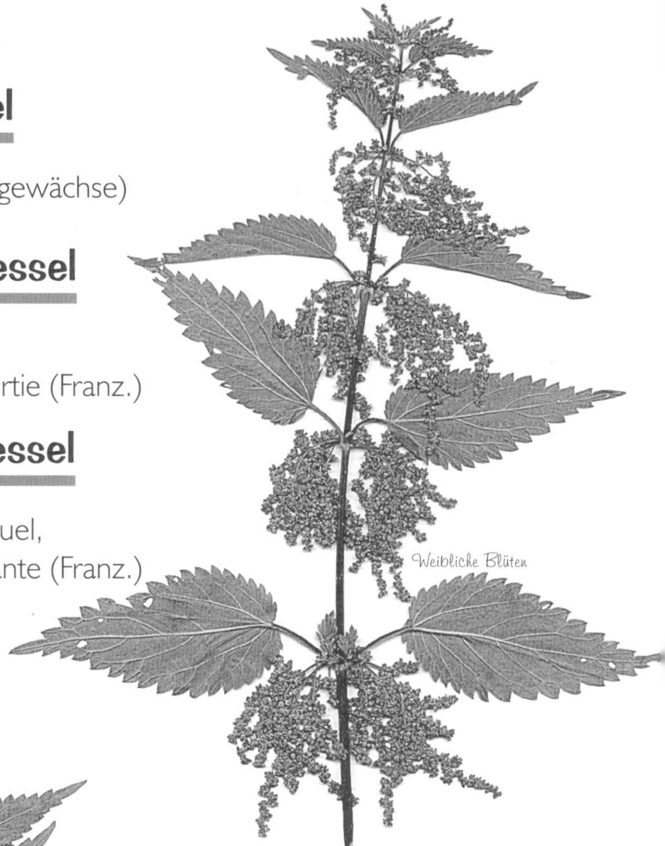

Weibliche Blüten

Blätter

So kann man sich den Mund nicht mehr verbrennen

Ein Kleid aus Nesseln bleibt stets Meister über alle bösen Geister. Ein merkwürdiger Spruch aus alter Zeit, der es aber in sich hat?

Na ja, sich in die Nesseln setzen, kennen Sie, aber hier wird Bezug genommen auf ein schützendes Nessel. Nessel ist noch heute der Begriff für ein grobes, ungebleichtes Stück Stoff. Und in früheren Zeiten hat man offensichtlich aus Brennesseln Stoffe hergestellt. Ich habe gelesen, daß die Brennesselfaser sehr reißfest und strapazierfähig sein soll, aber Geräte, mit denen man Brennesseln zu Stoffen, also Nessel, verarbeitet hat, habe ich noch nicht gesehen.

Nun, wir wollen die Brennessel ja auch nicht als Stoff, sondern besser für den Kochtopf nutzen. Allerdings bleibt ein Problem: Brennesseln brennen.

Ja, es brennt schon ein wenig, wenn ich zu zaghaft die Stengel abpflücke. Als Kind habe ich immer gesagt bekommen: Luft anhalten und dann pflücken. Das ist eine Technik, die wirklich hilft. Automatisch faßt man viel kräftiger zu, und damit werden die feinen Brennhaare zerstört, so daß sie die Haut nicht mehr ritzen können. Aber was macht schon ein wenig Brennesseljucken. Es gibt ja Spitzwegerich dagegen.

Wie, Spitzwegerich?

In der Tat, der hilft. Ich zerreibe ein Spitz- oder Breitwegerichblatt zwischen den Fingern, und mit dem Saft reibe ich die brennende Stelle ein. In kurzer Zeit sind Juckreiz und Quaddeln verschwunden.

Pflücken Sie eigentlich die ganze Pflanze ab, wenn Sie daraus Brennesselgemüse zubereiten wollen? Die Stengel scheinen mir ziemlich hart zu sein, eher für das Nesselkleid geeignet als für den Kochtopf.

Nein, ich verwende nur die oberen Blätter, so etwa 4 – 6, die kreuzweise übereinanderstehen. Übrigens habe ich da meine Technik, um mich nicht zu brennen. Ich fasse ein Blatt an der äußersten Spitze an, schneide dann den Stengel ab und lasse die Sproßspitze einfach in mein Sammelkörbchen fallen. Diese Spitzenblätter sind besonders zart und lassen sich später zum Beispiel für die Suppe gut pürieren, während sich die Stengel sehr unangenehm um das Messer des Pürierstabes wickeln. Und Probleme mit verbrannten Fingern habe ich dann auch nicht.

In Ihrem Garten gibt es eine große Ecke, in der Brennesseln wachsen dürfen. Das ist ungewöhnlich, wo die Pflanze doch ansonsten von vielen regelrecht verteufelt wird. Bei Ihnen aber darf sie wachsen?

Wir haben Brennesselecken extra zum Sammeln. Wir lassen die einfach stehen. Hier neben dem Kompost werden die

Brennesseln auch bis zum Blühen nicht geerntet, denn die hebe ich mir auf, um später Früchte zu ernten. Stellen Sie sich jetzt keine großartigen Früchte vor. Es sind kleine Zweige, an denen viele kleine, anfangs grüne Knübbelchen sitzen. Das ist alles. Aber diese winzigen Samen haben es in sich. Sie schmecken und knacken im Mund wie Sesam, und außerdem sind sie sehr vitamin- und mineralstoffreich. Ich esse sie direkt frisch von der Pflanze oder trockne sie. Es mag zwar ungewöhnlich klingen, aber ich streue die Samen über Suppen, Joghurt oder auch das morgendliche Müsli.

Aber dort hinten in Ihrem Garten an der Hecke ist ja noch eine Brennesselplantage. So viel Gemüse können Sie doch gar nicht essen!

Ich nenne diese Ecke Babystube für Schmetterlinge. Viele Schmetterlingsarten haben hier die Chance, sich vermehren zu

Brennessel-Giersch

können. Die Raupen genießen die Brennesseln und die dazugehörigen Schmetterlinge die vielen Wildpflanzen in unserem Garten. So haben wir alle was davon: Brennesseln für den Bauch und Schmetterlinge fürs Auge.

Also, nur Mut. Ich helfe Ihnen jetzt beim Sammeln.

Sie sehen, besser sie merken: Brennesselpflücken ist ganz einfach. Wenn Sie wollen, dann nehmen Sie noch etwas Giersch dazu, der gleich neben den Brennesseln wächst. Das Gemüse wird dadurch milder im Geschmack und bekommt noch ein anderes Aroma. Giersch schmeckt ein wenig nach Möhre. Manche sagen auch, er schmeckt nach Speck.

Wieviel von den Brennesseln brauchen wir denn für ein ordentliches Gemüse?

Also für vier Personen brauche ich als Hauptgericht etwa 1 kg. Da müssen wir schon eine Weile sammeln. Wenn dieser große Korb voll ist, dann haben wir genug. Diese Mengen an Blättern schrumpfen später im Topf ziemlich zusammen.

Kann man denn Brennesseln das ganze Jahr über ernten?

Ja, grundsätzlich kann man das schon, vorausgesetzt, die Brennesseln werden immer wieder abgeschnitten und werden nicht meterhoch. Sie wachsen sehr schnell nach, und die jungen Triebe sind einfach besser und schmackhafter. Jetzt verstehen sie sicher auch, weshalb ich im Garten verschiedene, wie Sie es nennen, Plantagen habe: Gemüse-, Samen- und Schmetterlingsplantage.

Der Korb ist voll, jetzt heißt es waschen?

Zum Waschen ziehe ich schon mal Handschuhe an. Aber im Wasser beim Bewegen der Pflanzen werden schon sehr viele der Brennhaare zerstört. Endgültig ungefährlich wird das Ganze dann, wenn das Gemüse in kochendes Wasser gegeben wird. Nach einer halben Minute, wenn die Blätter zusammengefallen sind, schöpfe ich sie heraus, schrecke mit eiskaltem Wasser ab und lasse gut abtropfen. In der Pfanne zerlasse ich Butter und dünste zwei feingehackte Zwiebeln und dann gebe ich die blanchierten Brennesseln und auch den Giersch und feingehackte Knoblauchzehen dazu und dünste noch ein paar Minuten im Fett. Zum Schluß streue ich Salz und etwas Zitronensaft darüber. Fertig.

Und dann sind Sie sich wirklich sicher, daß man sich nicht mehr verbrennt?

Also an den Brennesseln werden Sie sich den Mund jedenfalls nicht verbrennen.

Wie erkenne ich Brennesseln?

- **natürlich am Brennen auf der Haut nach Berührung**
- **an der üppigen Verbreitung, denn eine Brennessel wächst selten allein**
- **an dem Vorhandensein von männlichen Pflanzen, deren Blüten nur Blütenstaub enthalten, und weiblichen, die kleine, grüne, später dunkelbraune Früchte bilden**

Wo finde ich Brennesseln?

- überall auf der Welt, wo Menschen siedeln
- auf frischen, nährstoffreichen, tiefgründigen Böden. Brennesseln sind Zeigerpflanzen für stickstoffhaltigen Boden.
- in feuchten Wäldern, an Ufern und auf Abfallstellen (Ruderalstellen)
- in Gesellschaft mit Giersch und Gundermann

Womit kann ich Brennesseln verwechseln:

- mit nichtblühenden Taubnesseln, die als Würzkraut verwendet werden können
- mit der kleinen Brennessel (Urtica urens), die wie die große Brennessel verwertet werden kann

Merke:

- Taubnesseln brennen nicht
- zerriebene Blätter der Taubnessel duften intensiv süßlich aromatisch
- die kleine Brennessel brennt wesentlich heftiger als die große Verwandte, sie wird höchstens 50 cm hoch und wächst eher vereinzelt auf offenen Stellen im Gemüsegarten

Historisches

Brennessel ist eine alte Heil- und Gemüsepflanze, die von Hippokrates zur Leib- und Blutreinigung empfohlen wurde. Leonhard Fuchs gibt in seinem Kräuterbuch Rezepte an, die sich bis heute erhalten haben: „Nessel in die laug gelegt, vertreibt das har außfallen und den bösen grind" – z.B. als Brennessel-Shampoo.

Im Mittelalter empfahl man Brennesseln äußerlich und innerlich zur Steigerung der Liebesfähigkeit. Gleichzeitig sollte die Anwendung auch vor Hexen schützen.

Blühende Brennessel

Bevor in Europa die Baumwolle eingeführt wurde, gewann man aus den sehr zähen Stengeln eine robuste Faser, aus der man „Nessel Tuch" herstellte. Die Bezeichnung Nessel für ungebleichtes Gewebe hat sich bis heute erhalten. Eine alte Weisheit faßt die Verwendung recht klar zusammen:

Ein Kleid aus Nesseln
bleibt stets Meister
über alle bösen Geister

Extras

Daß Brennesseln brennen, weiß schon jedes kleine Kind, jedoch weshalb sie brennen, ist meist unbekannt. Blätter und Stengel, aber nicht die Früchte sind mit zahlreichen Haaren übersät, die aus einem Sockel an der Oberfläche der Pflanze herauswachsen. Das Haar, nur 1 bis 2 mm lang, läuft spitz zu. Am Ende befindet sich durch eine Einbuchtung abgesetzt ein Kügelchen. Bei Berührung bricht die Kuppe an der vorgeformten Bruchstelle ab. Es entsteht eine scharfe Kanüle, die die Haut oberflächlich ritzt. In die kleine Wunde fließt dann der Inhalt der Haarkanüle. Ein Gemisch aus Histaminen und anderen Substanzen, das sogenannte Nesselgift, bewirkt eine lokale Reaktion der Haut. Jucken und Brennen ist die unangenehme Folge. Die große Brennessel hat neben Brennhaaren auch „taube Haare", während die kleine Verwandte, lateinisch Urtica urens genannt, nur Brennhaare besitzt. Verständlich, daß eine Berührung mit einer solchen

Pflanze unangenehmer ist. Obwohl Brennesseln eines der vitamin- und mineralstoffreichsten Wildgemüse sind, sollten Brennesseln nicht täglich gegessen werden. Leider wachsen sie mit Vorliebe auf stickstoffreichem Boden und nehmen dabei sehr viel Nitrat auf. Als Bestandteil einer gesunden Mischkost sind sie allerdings zu empfehlen, wie die folgende Tabelle zeigt.

	100 g Brennesseln und	100 g Kopfsalat enthalten
Vitamin C	333 mg	13 mg
Vitamin A	0,74 mg	0,13 mg
Eisen	7,8 mg	1,1 mg
Magnesium	71 mg	11 mg
Kalium	410 mg	224 mg

Naturgarten Tip

Plinius beschreibt die Brennessel als die „meist gehaßte Pflanze“, offensichtlich kannte er die vielseitige Anwendung im Garten und ihre Bedeutung für das Ökosystem noch nicht. Brennesseln sind Nahrungspflanzen für die Raupen zahlreicher Schmetterlinge wie z.B. Kleiner Fuchs und Tagpfauenauge.

Brennesseln ohne Samen sind ein wertvoller Bestandteil des Kompost, und junge, zerschnittene Pflanzen eignen sich hervorragend als Mulche zwischen Gemüsepflanzen. Brennesselmulch setzt sich rasch zu Humus um und liefert den Pflanzen Nährstoffe. Regenwürmer lieben verrottende Brennesseln auf ihrem Speiseplan und lockern während der Mahlzeit ganz nebenbei den Boden auf. Brennesseljauche eignet sich als Flüssigdünger für schnellwachsende Gemüsesorten und Stauden. Ausgewogen ernährte Pflanzen sind nämlich weniger oder überhaupt nicht anfällig gegenüber Schadinsekten und Krankheiten.

So wird Brennesseljauche angesetzt

Ein Holz-, Steingut- oder Plastikgefäß (kein Metall verwenden) wird mit kleingeschnittenen Brennesseln gefüllt und mit Regenwasser oder abgestandenem Wasser bis zwei Handbreit unter dem Rand gefüllt. Steht der Ansatz in der Sonne, so beginnt das Pflanzenmaterial sehr schnell zu gären. Es entwickelt sich Schaum und leider auch ein sehr unangenehmer Geruch. Gibt man öfters eine Handvoll Steinmehl dazu, so kann man den Geruch etwas eindämmen. Die Brühe muß anfangs täglich mit einem Stock umgerührt werden, um sie mit Sauerstoff zu versorgen. Der Bottich wird zunächst mit Fliegendraht verschlossen, damit Insekten und Vögel nicht darin ertrinken. Und nach etwa 2 – 3 Wochen, wenn die Gärung abgeschlossen ist, mit einem Deckel. Die Brühe kann nun 1:10 verdünnt als Dünger verwendet werden.

Verwendung:

Junge Pflanzen im zeitigen Frühjahr, später nur die oberen Spitzen.
Brennesselsamen noch grün oder ausgereift.
Zu Gemüse, Suppen, Gemüsefüllungen, Soufflees, Quarkspeisen, Eierspeisen, Broten, Aufläufen, Heiltees, Zusätze zu Naturkosmetik

Blätter

Samen

Inhaltsstoffe

Vitamin C (333 mg in 100 g Blättern)
Provitamin A
(0,740 mg in 100 g Blättern)
Mineralstoffe
(z.B. 7,8 mg, Magnesium 71 mg, 410 mg, Calcium 630 mg in 100 g Blättern)
Kieselsäure
Gerbstoffe
Histamin
Acetylcholin

Sammeln und aufbewahren:

Brennesseln können während des ganzen Jahres gesammelt werden, wenn sie immer wieder abgeschnitten werden und nachwachsen. Die oberen etwa vier bis sechs Blätter können auch von älteren Pflanzen verwertet werden. Wer empfindlich ist, muß mit Handschuhen arbeiten, ansonsten faßt man die Pflanze mit einer Hand an den Blättern fest an und schneidet mit der anderen die Sproßspitzen mit der Schere ab.
Die Rispen mit den Samen werden abgeschnitten und können durch leichtes Reiben von den Stengelchen gestreift werden.
Die Blätter werden am besten frisch verwendet. Nach kurzem Blanchieren lassen sie sich wie Spinat einfrieren. Samen kann man frisch oder getrocknet essen, Tee bereitet man am besten aus getrockneten Blättern zu.

Gänseblümchen

Bellis Perennis
(Asteraceae, Körbblütler),
Tausendschön, Maßliebchen,
Daisy (Engl.), Petite Marguerite
(Franz.)

Die Geschichte vom appetitlichen Blumenstrauß

Wer zu Ihnen zu Besuch kommt, dem fällt eines besonders auf: Ihr Haus ist voll von Blumensträußen. Neben den großen, buschigen finden sich, wo immer Platz ist, auch kleine Sträußchen, oft gerade mal faustgroß. Aber alle unterscheiden sich deutlich von denen, die man gewöhnlich aus Blumengeschäften kennt. Da sind schon mal ein paar Rosen dabei, aber die meisten Blüten sucht man in einem Blumenladen vergeblich. Viele Formen und Farben, oft ganz kleine Blüten, manchmal unscheinbar, dann wieder welche in kräftigem Rot und Gelb, umgeben und gemischt mit Blättern. Zwischen all den frischen Feldsträußen entdecke ich auch Kränzchen und andere Arrangements aus getrockneten Blumen. Erstaunlich, wie abwechslungsreich und unterschiedlich Blumensträuße sein können. Und was den Duft angeht, einfach zauberhaft.

Ich mag diese Art von Feldsträußen ganz besonders gern. Schon beim Sammeln kann ich meiner Phantasie freien Lauf lassen. Jeder Strauß ist auf seine Weise einmalig, denn die Zusammenstellung hängt davon ab, was ich gerade finde. Hier in diesem Körbchen habe ich nur rote Taubnesseln mit ein paar Efeuranken – sozusagen ein „Unkrautbeet". Und, sieht es nicht dekorativ aus? Oft sammle ich aber nicht nur für die Vase, sondern gleichzeitig auch für die Salatschüssel.

Wollen Sie damit sagen, daß Sie diese Blumensträuße auch essen?

Nun ja, natürlich nicht jeden. Aber viele Blüten kann man tatsächlich essen, sozusagen als Blumenstraußsalat. Zum Beispiel ein ganzer Strauß Wiesenkleeblüten, rot und weiß gemischt, oder eine Handvoll gelber Löwenzahnblüten, oder Kapuzinerkresse mit Ringelblumen gemischt. – Diese leuchtenden Farbtupfer sehen nicht nur sehr dekorativ aus, sie schmecken auch toll. Und Gänseblümchen dürfen sowieso nicht fehlen.

Aber Blüten machen noch lange keinen Salat!

Oh doch, die Hauptmenge sind schon die Blüten. Sie sehen nicht nur auf der Wiese und im Blumenstrauß wunderschön bunt aus, sondern sind auch in der Salatschüssel eine Augenweide. Vor allem aber schmecken sie. Natürlich kann man auch eine ganze Reihe anderer Pflanzen, vornehmlich die Blätter mitverwenden. Am liebsten verwende ich zu Blüten Fette Henne und die Sproßspitzen von Wiesenlabkraut. Beide schmecken ein ganz klein wenig süßlich. Aber auch zarte Gierschblättchen passen sehr gut dazu und schmecken besser als jeder Kopfsalat. Außerdem brauche ich da nicht weit zu laufen, denn den habe ich im Garten. Besonders an Regentagen ist das recht angenehm. Aber oft nehme ich auch andere Pflanzen dazu wie Wiesen-Bärenklau oder im Frühjahr Löwenzahn-

und Spitzwegerichblätter, Die Blätter werden ein wenig zerpflückt, und dann kommen wirklich die ganzen Blüten dazu. Je nach Jahreszeit Klee, Löwenzahn, Gänseblümchen, Hornklee, Ringelblume, Margeriten, Wiesenbocksbart, Wegerich, Taubnessel, Kapuzinerkresse, Weidenröschen, Rosen- und Apfelblüten – je vielfältiger dieser Blumenstraußsalat wird, um so besser und abgerundeter schmeckt er auch. Und nicht vergessen, das Auge ißt ja auch mit.

Das ist schon ein gewaltiger Unterschied – ein grüner, einfarbiger Kopfsalat gegen diesen bunten, vielfältigen Blumenstraußsalat.

Klar, ein solcher Salat ist natürlich auch viel aromatischer und vor allem auch vitaminreicher. Um sich an diese Art eines Salates zu gewöhnen, kann man für den Anfang aber mit einem ganz normalen grünen Salat, Eisbergsalat oder Gurkensalat beginnen, dem man die Blüten von

Gänseblümchen

zwei, drei Pflanzen zugibt: Gänseblümchen, Klee und Löwenzahn z.B. Und wenn man diesen Geschmack erst einmal schätzen gelernt hat, dann wird man bald jedem normalen Salat blühende Farbtupfer zusetzen.

Aber ein normaler Salat mit einer schönen Kräutersoße ist doch auch nicht zu verachten?

Da haben Sie recht, aber die Betonung liegt hier auf „Kräutersoße". Und die darf auch bei einem Blumenstraußsalat nicht fehlen. Ob mit Sahne, Joghurt oder Essig, das ist ganz egal. Wer mag, kann sie sogar ein bißchen süß abschmecken, das paßt alles sehr gut zu den Blüten, denn sie sind wegen des Nektargehaltes ohnehin etwas süßlich. Natürlich kann man der Soße auch Petersilie oder Schnittlauch zugeben. So, wie es jeder am liebsten mag. Und dann sieht eben ein solcher Blumenstraußsalat nicht nur gut aus – er schmeckt vor allem auch gut.

Wie erkenne ich Gänseblümchen?

- **es ist wohl schon jedem Kind vertraut**
- **an den Blütenkörbchen, weiß und gelb**
- **an seinen spatelförmigen Blättern, die dicht am Boden eine Rosette bilden**

Wo finde ich Gänseblümchen?

- in jeder natürlichen, nicht chemisch gereinigten Rasenfläche

Womit kann ich Gänseblümchen verwechseln:

- es ist so einmalig und allen bekannt, daß eine Verwechslung mit anderen Pflanzen nicht möglich ist

Historisches

Maßliebchen, Marienblümlein, Tausendschön wurde es genannt, bevor Linee Anfang des 18. Jahrhunderts den Namen Gänseblümchen festlegte. Die kleine Pflanze mit den Sternenblüten schildert Ovid als Attribut der Venus, denn die Blüten erscheinen zur Jahreszeit der Venus, und Plinius gab ihr den Namen Bellis, was übersetzt hübsch, schön heißt. Im 15. Jahrhundert ist der Name Maßliebchen oder auch Marienblümlein geläufig. Nach einer alten Legende sind die Blüten Marias Tränen, die sie auf der Flucht nach Ägypten weinte.

„Maßlieblein ist ein recht Wundkraut" schreibt Leonhart Fuchs. Gegen Gicht (Podagra), Leberleiden, Asthma, Krämpfe, Verletzungen und andere Beschwerden wurde ein „in Wein gesottener" Sud empfohlen. Auch magische Kräfte sagte man dem Marienblümlein nach. So wurde am Johannestag um 12 Uhr eine Pflanze ausgegraben, um sich vor der Pest zu schützen. Gänseblümchen wurden auch in der Malerei verwendet. Wohl eine der bekanntesten Darstellungen ist „Das Wiesenstück" von Dürer. Gerne wurden die weißen Blüten als Sinnbild der Unschuld in Darstellungen von Maria und dem Kind abgebildet wie z.B. in den Paradiesgärten eines oberrheinischen Meisters um 1410.

Naturgarten Tip

Jede eintönige, grüne Rasenfläche wird zu einem lebendigen Biotop, einer trittfesten Blumenwiese und einer Augenweide, wenn Gänseblümchen darin wachsen. Die Sternchenpracht ist auch nach dem Rasenmähen in kurzer Zeit, fast über Nacht wieder da.

Gänseblümchen sind Blumen, die bereits Krabbelkindern den ersten Kontakt zur Natur zu vermitteln vermögen. Ohne Gefahr können sie die Blüten nicht nur begreifen, sondern sie auch in den Mund stecken und das zuerst süße dann etwas bittere Aroma auskosten. Für größere Kinder und auch ihre Eltern ist es ein Vergnügen, Kränzchen zu flechten. Einfacher geht es so: In die Stengel wird mit dem Fingernagel ein Loch geritzt, durch die der nächste Blütenstengel gezogen wird, so erhält man mühelos lange Blütenketten.

„Die zamen Maßlieblein oder Monatblümlein pflanzt man in fast allen Gärten" ist bei Leonhart Fuchs, um 1500 zu lesen.

Extras

Die „Blüte" des Gänseblümchen ist bei genauerem Hinsehen ein ganzer Korb von Einzelblüten. Die äußeren weißen haben die Form einer Zunge, und die inneren gelben sind röhrenförmig und gegenüber den Zungenblüten unscheinbarer. Die weißen Blüten verfärben sich gelegentlich rot, ganz besonders nach kalten Nächten.

In Gärtnereien werden besonders im Frühjahr rote Tausendschönchen angeboten, eine Zuchtform der „zamen Maßlieben". Pflanzt man diese Kulturformen in den Garten, so erinnern sie sich offensichtlich alsbald an ihr ursprüngliches Wesen und werden wieder zu einem „ganz normalen“ Gänseblümchen.

Gänseblümchen gehen am Abend schlafen, wie schon ein Kinderlied sagt, die weißen Zungenblüten wölben sich über die gelben Röhrenblüten, und das Blütenkörbchen ist verschlossen.
Am Morgen, wenn die Sonne scheint, öffnen sie sich wieder. Bei Regen allerdings schlafen sie weiter.

Die Blümelein, sie schlafen schon längst
im Mondenschein,
sie nicken mit dem Köpfchen auf ihrem
Stengelein,
es rüttelt sich der Blütenbaum,
und säuselt wie im Traum,
schlafe, schlafe, schlafe ein mein
Kindelein.

Inhaltsstoffe

Saponin
Vitamine
Schleimstoffe
Mineralstoffe
Gerbstoffe
Bitterstoffe

Verwendung:

Blätter, Blüten, Knospen zu
Salaten, Kapern, Mixed Pickles, Getränken, Dekoration, Heiltees

Blätter

Gedünstetes Wildgemüse, S. 130
Grüner Kartoffelsalat, S. 126
Wiesensalat, S. 130
Wiesensuppe, S. 129

Blüten

Blütenlimonade, S. 122
Blumenstraußsalat, S. 130
Gelee aus duftenden Blättern und Blüten, S. 120

Knospen

Mixed Pickles, S. 134
Tapenade, S. 135

Sammeln und aufbewahren:

Blüten werden an einem sonnigen Tag gesammelt und wie die Blätter immer frisch verwendet.
Heiltees stellt man aus getrockneten oder frischen Blüten und Blättern her.

Giersch

Aegopodium podagraria
(Apiaceae, Doldenblütler),
Zaungiersch, Geißfuß, Dreiblatt,
Ground Elder (Engl.),
Egopode des goutteux (Franz.)

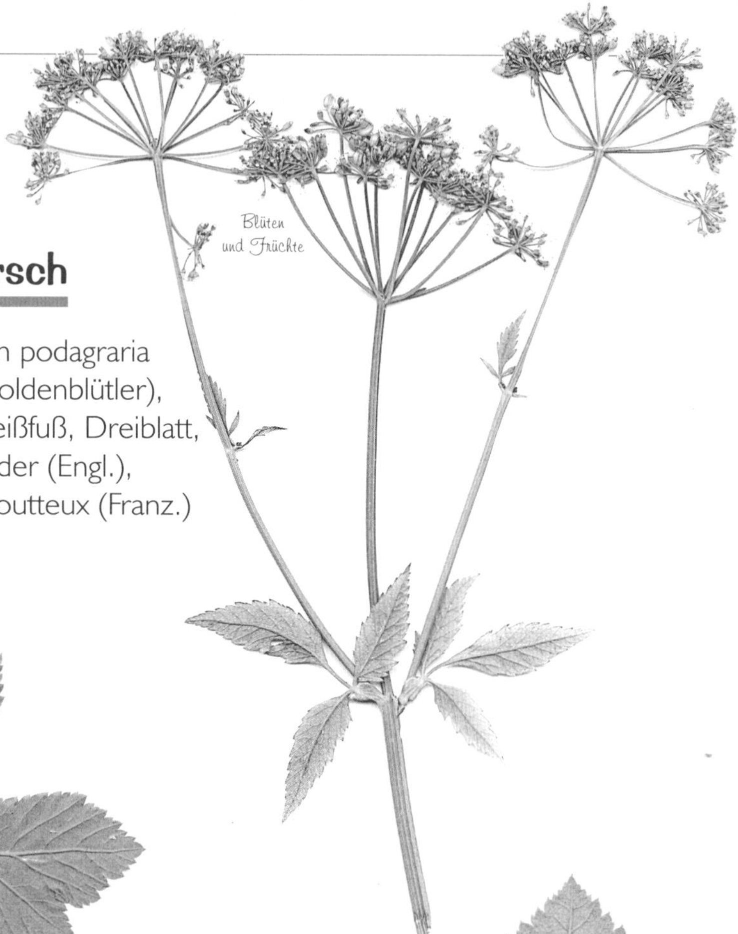

Dem Almdudler auf der Spur

Kaum komme ich in Ihre Küche, da werde ich von angenehmen, wenn auch zugegeben etwas unbekannten, Düften eingefangen. Kein Wunder, denn auf dem Küchentisch liegen jede Menge Kräuter. Zitronen, Apfelsaft und Mineralwasser vollenden das Kräuterstilleben auf dem Küchentisch: Welche, wie heißt es doch so schön, Köstlichkeit vom Wegesrand wollen Sie denn damit herstellen?

Daraus werde ich ein sommerliches Erfrischungsgetränk mit einer ganz besonderen Geschmacksnote zubereiten, das sogar Cola verwöhnte Kinder gerne trinken. Ich nenne das Getränk gern Kräuterbowle oder Kräuterlimonade. Oder gefällt Ihnen der Name Almdudler oder Wiesendudler besser? Es hört sich nicht ganz so gesund an. Ich stelle ein Kräutersträußchen aus Giersch, Pfefferminz, Zitronenmelisse und einem Zweig Gundermann zusammen.

Sind die Kräuter alle aus dem Garten?

Giersch und Gundermann sind die häufigsten Wildkräuter in einem Naturgarten. Pfefferminz und Zitronenmelisse habe ich vom Kräuterbeet.

Wieviel von jedem Kraut verwenden Sie, oder spielt das Mengenverhältnis keine Rolle?

Das Verhältnis ist hier etwa 10 Gierschblätter zu fünf Stengelchen Zitronenmelisse und ebensoviel Pfefferminz. Dazu noch einen Zweig Gundermann. Gundermann immer etwas weniger verwenden, denn sonst wird das Getränk zum Gundermann-Dudler. Ja, und jetzt nehme ich das Kräutersträußchen, wasche es, schüttle es aus, damit nicht zu viel Wasser mit in die Bowle kommt, und binde es zusammen. Nun gießen wir den Apfelsaft in einen Krug – 1 l Apfelsaft, dazu Saft von einer Zitrone – und dann hänge ich das Kräutersträußchen hinein. Es muß völlig mit Apfelsaft bedeckt sei. Noch etwas Wichtiges: Das Sträußchen drücke ich im Apfelsaft recht kräftig aus, damit das Aroma schnell in den Apfelsaft übergehen kann.

Wie schnell geht das denn, oder wie lange müssen die Kräuter im Apfelsaft sein?

Es sollte mindestens zwei bis drei Stunden im Saft liegen, aber auch wenn es fünf Stunden werden, das Getränk schmeckt immer. Während dieser Zeit stelle ich den Topf, den ich mit einem Küchentuch abdecke, kühl. Dann nehme ich das Kräutersträußchen wieder heraus und gieße Mineralwasser dazu.

Lassen sich für die Limonade auch noch andere Kräuter verwenden?

Ja, das Kräutersträußchen enthält jedesmal, wenn ich diese Bowle ansetze, eine andere Zusammensetzung. Ich nehme, was ich gerade im Garten finde. Natürlich müssen es sehr aromatische Kräuter sein.

Sie können zum Beispiel auch Petersilie dazunehmen, oder Borretschblätter oder, wenn Sie haben, Blätter von schwarzen Johannisbeeren, Thymian, Lavendel, eigentlich alles, was duftet, paßt dazu. Die Limonade wird jedesmal etwas anders schmecken, aber immer gut.

Wie erkenne ich Giersch?

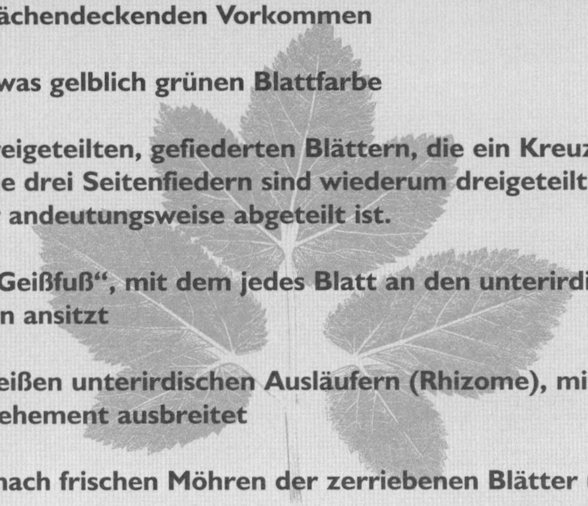

- **an dem flächendeckenden Vorkommen**
- **an der etwas gelblich grünen Blattfarbe**
- **an den dreigeteilten, gefiederten Blättern, die ein Kreuz miteinander bilden. Die drei Seitenfiedern sind wiederum dreigeteilt, wobei eine meist nur andeutungsweise abgeteilt ist.**
- **an dem „Geißfuß", mit dem jedes Blatt an den unterirdischen Ausläufern ansitzt**
- **an den weißen unterirdischen Ausläufern (Rhizome), mit denen sich Giersch vehement ausbreitet**
- **am Duft nach frischen Möhren der zerriebenen Blätter und Stengel**

Wo finde ich Giersch?

- überall, wo der Boden frisch, nährstoffreich und tiefgründig ist
- in der Nähe von Siedlungen, in Gärten und Parkanlagen
- in krautreichen Gebüschen
- in Gesellschaft mit Brennessel, Gundermann, Knoblauchsrauke und Echtem Nelkenwurz

Womit kann ich Giersch verwechseln:

- mit jungen Setzlingen von Schwarzem Holunder. In England wird Giersch deshalb sehr treffend Ground Elder, also Boden-Holunder genannt.
- mit jungen Blättern von Wald-Engelwurz

Merke:

- Holunderblätter sind nicht dreigeteilt, haben keine weißen, unterirdischen Ausläufer, und die zerriebenen Blätter duften nicht nach Möhren
- Engelwurzblätter haben dunkelviolette Ringe an jedem Fiederansatz auf der Unterseite des Blattes und niemals weiße Ausläufer

Historisches

Überall, wo Menschen siedeln, findet sich auch Giersch ein. Das massenhafte Vorkommen war sicher mit der Grund dafür, daß Giersch mit eins der ältesten und bekanntesten Wildgemüse ist. Von der ärmeren Landbevölkerung wurde er als gesundes Nahrungsmittel zum Nulltarif verwendet, lange bevor Spinat im 16. Jahrhundert aus Asien eingeführt wurde. So hat Giersch sehr viele regionale Namen und es gibt ebenso viele regionale Rezepte. Gesel und Geselkohl heißt es zum Beispiel im Lipperland und Heesch in Ostfriesland. Bereits den Römern war Giersch bekannt, und man sagt, daß sie reichlich davon gegessen haben. Auch werden die römischen Legionäre dafür verantwortlich gemacht, daß sich Giersch in Europa ausgebreitet hat.

Gierschblatt

Giersch nutzte man nicht nur als Gemüse, sondern auch als Heilkraut, das Podagrakraut genannt wurde. Podagra ist eine alte Bezeichnung für Gicht. Ein Umschlag aus gequetschten Blättern linderte die schmerzhaften Beschwerden besonders an den großen Zehen, und ein Tee aus Blättern und Wurzeln unterstütze durch seine leicht harntreibende Wirkung den Heilungsprozeß.

Naturgarten Tip

Giersch, der sich ungehemmt ausbreitet, wird auch von überzeugten Naturgärtnerinnen und Gärtnern nicht mehr als Wildkraut bezeichnet, sondern schweren Herzens als Unkraut. Es ist ratsam, diesem schmackhaften Wildgemüse einen festen Platz im Garten zuzuweisen. Ungehinderten Lebensraum kann man ihm nur in der Nähe des Kompost, unter dem Holunder oder auch unter Beerensträuchern, möglichst durch einen Grasweg von Gemüse und Blumen getrennt, gönnen. Giersch schneidet man häufig ab, so daß er aus den unterirdischen Ausläufern wieder austreibt. Über das ganze Jahr erntet man auf diese Weise zarte Gierschblätter. Und sollte sich die Pflanze unliebsam ausgedehnt haben, so verarmen auf diese Weise die Ausläufer an Nährstoffen und verlieren ihre vehemente Wuchskraft. Mit dieser biologischen Unkraut-Vernichtungs-Methode, die etwas Geduld erfordert, verschwindet Giersch auch an Stellen, wo man ihn nicht dulden mag. Hacken dagegen belebt die Lebensgeister dieser Delikatesse am Wegesrand. Also: aufessen statt aushacken.

Extras

Gierschblätter lassen sich hervorragend zur Dekoration von Käseplatten, Butter oder anderen Platten eines kalten Büfetts verwerten. Auch in einer großen flachen Vase sieht er als grüne Dekoration ausgefallen aus. Eine Alternative zum Kressebeet.

Wenn sehr viel Gierschblätter geerntet werden, dann kann man einmal Sauer-Giersch daraus zubereiten. Die Blätter werden gewaschen, die groben Stengel entfernt und in einen Steinguttopf gelegt, der mit einer zehnprozentigen Salzlake gefüllt wird. Zum Schluß wird das Gemüse mit einem Teller und einem Stein beschwert und abgedeckt. Den Ansatz läßt man etwa 3 Wochen bei Zimmertemperatur stehen. Der Schaum, der sich beim Gären entwickelt, wird gelegentlich abgeschöpft. Danach wird der Topf kühl gestellt und die Flüssigkeit mit einer Ölschicht versiegelt und wieder zugedeckt. Bevor man diese Delikatesse genießen möchte, muß die Salzlake mit Wasser abgespült werden. Übrigens läßt sich Sauer-Giersch auch in kleineren Mengen in einem großen Einmachglas zubereiten. Roh oder leicht gedünstet ist Sauer-Giersch eine ausgefallene Köstlichkeit. Auch andere Wildgemüse, wie zum Beispiel Wiesen-Bärenklau, lassen sich auf diese Weise konservieren.

Inhaltsstoffe

Vitamin C (201 mg in 100 g)
Provitamin A (0,684 mg in 100 g)
Eiweiß (6,7 g in 100 g)
Mineralstoffe
Ätherische Öle

Verwendung:

Junge Blätter und Früchte zu
Salaten, Gemüse, Suppen, Kräuterfüllungen, Kräuterquark, Aufläufen, Kräuterbrot und -brötchen, Kräuterbutter, Getränken

Blätter

Blätter im Teigmantel, S. 125
Bunter Nudelsalat, S. 128
Gedünstetes Wildgemüse, S. 130
Gefüllte Blätter mit Kräuterkäse, S. 132
Gefüllte Blattrouladen, S. 124
Gefüllte Tomaten, S. 125
Gierschlimonade, S. 122
Gierschreis, S. 126
Grüne Brötchen, S. 116
Grünes Kartoffelpüree, S. 126
Grüner Kartoffelsalat, S. 126
Grüne Plätzli, S. 126
Gurkensalat mit Giersch und Gundermann, S. 131
Kartoffelgratin, S. 127
Kräuterbutter, S. 120
Kräuteressig, S. 120
Kräuter-Gurkensuppe (kalt), S. 133
Kräuterkartoffeln, S. 133
Kräuterlikör, S. 120
Kräuterquark, S. 133
Kräuter-Vollkornbrot, S. 116
Pastete von Brennessel , Giersch und Beinwell, S. 134
Vier-Jahreszeiten-Kräuterbowle, S. 124
Wiesensalat, S. 130
Wiesensuppe, S. 129
Wildkräuter-Pesto, S. 121

Früchte

Kräuter-Gurkensuppe (kalt), S. 133
Kräuter-Tomatensuppe, S. 128
Würzbrot, S. 117

Sammeln und aufbewahren:

Gierschblätter findet man während des ganzen Jahres überall dort, wo er regelmäßig abgemäht wird. Wie alle Wildgemüse sind auch Gierschblätter morgens am frischesten. Sie lassen sich in einem geschlossenen Topf im Kühlschrank mehrere Tage frisch halten. In Streifen geschnitten allein oder mit anderen Würzkräutern gemischt eignet er sich zum Einfrieren. Die Früchte sind im Sommer gerade richtig zum Würzen, lassen sich aber auch trocknen.

Gundermann

Glechoma hederaceum
(Lippenblütler, Lamiaceae),
Gundelrebe, Erdefeu, Guck durch den
Zaun, Donnerrebe, Soldatenpetersilie,
Ground Ivy (Engl.), Lierre terrestre (Franz.)

Herr Gundermann im Eisschrank

Hildegard von Bingen, die Kräuterfrau schlechthin, empfiehlt, sich eine Ranke Gundermann ums Haupt zu winden, um Hexen erkennen zu können. Sicher eine überholte Empfehlung. Woher aber kommt der Name Gundermann?

Man nimmt an, allerdings, ganz sicher ist man sich nicht, daß der Name etwas mit Wundheilung, z.B. dem alten Wort „gunt“ für Eiter, zu tun hat. Damals war es ein großes Problem, Verletzungen jeder Art, besonders die von kriegerischen Auseinandersetzungen, sinnvoll zu behandeln. Gundermann, wie viele andere Pflanzen auch, enthält Gerbstoffe. Und gerade diese Gerbstoffe bewirken, daß Wunden besser heilen.

Wir heilen jetzt nicht die Wunden irgendwelcher Auseinandersetzungen, sondern allenfalls die Nachteile der sommerlichen Hitze. Hier auf Ihrem Küchentisch liegt eine Art langer Faden, an dem rundliche Blätter aufgereiht zu sein scheinen. Offensichtlich ist das Gundermann. Was machen Sie jetzt damit?

Ich bereite mit diesem Allerweltskraut Gundermanneis zu. Dazu pflücke ich die Blättchen vom fadigen Stengel ab, bis etwa 5 Gramm angesammelt sind. Ich nehme aber auf keinen Fall mehr, denn das Kraut ist ja sehr, sehr aromatisch. Man kann leicht überwürzen, und dann schmeckt das Eis nicht mehr. Die Blättchen werden erst gewaschen, dann grob gehackt und zusammen mit den geschälten und kleingeschnittenen Bananen in eine Schüssel gegeben. Dazu kommt noch ein ebenfalls klein geschnittener Apfel und Zitronensaft. Zitronensaft rundet den Geschmack ab und verhindert gleichzeitig, daß Banane und Apfel sich braun verfärben.

Eis muß doch süß schmecken. Fehlt in der Mischung nicht noch Zucker?

Normalerweise sorgt schon die Banane für ausreichende Süße im Eis, aber zusätzlich ein bis zwei Teelöffel Honig können nicht schaden.

Aber wie Eis sieht die Mischung immer noch nicht aus.

Nur Geduld. Jetzt werden Kräuter und Früchte mit etwas Sahne püriert. Den Rest der Sahne dürfen Sie inzwischen steif schlagen. Wenn es soweit ist, vermische ich die Sahne mit dem Püree und gieße alles in eine Kastenform. Das fertige Eis kann ich dann sehr leicht auf einen Teller stülpen und in Portionen schneiden.

Und nun muß unser grünes Eis nur noch in den Gefrierschrank. Ein paar der kleinen Gundermannblättchen aber haben Sie noch übrig gelassen, was machen Sie damit?

Damit bereite ich noch etwas ganz Ausgefallenes zu. Als Dekoration für das

Eis zaubern wir Gundermann-Konfekt. Ich nehme die Gundermannblättchen und lege sie auf Butterbrotpapier aus. Auf dem Herd habe ich inzwischen bittere Kuvertüre im Wasserbad verflüssigt.

Kuvertüre – also Schokolade?

Genau – möglichst bittere Schokolade sollte es sein. Mit einem Pinsel werden jetzt die Gundermannblättchen mit der flüssigen Couvertüre bestrichen. Die Blättchen müssen noch Stiele haben, so kann man sie beim Bepinseln gut festhalten.

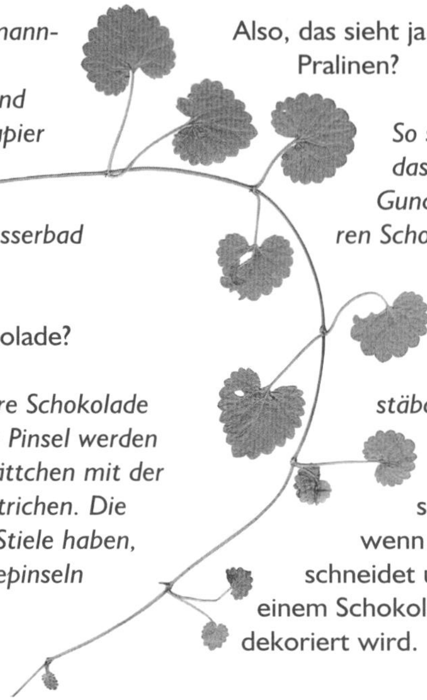

Also, das sieht ja aus wie flache Pralinen?

So soll es auch sein. Durch das sehr herbe Aroma des Gundermann und der bitteren Schokolade bekommen unsere Pralinen einen besonders pikanten Geschmack. Er erinnert ein wenig an Ingwerstäbchen.

Und es wird sicherlich sehr hübsch aussehen, wenn man dann das Eis aufschneidet und jeder Teller mit einem Schokoladen-Gundermannblatt dekoriert wird.

Wie erkenne ich Gundermann?

- **an der Art, wie er wächst und kriecht, über andere Pflanzen hinweg, durch den Zaun hindurch, flächendeckend zu jeder Jahreszeit**
- **an den langen Stengeln, die an den Blattachseln Wurzeln treiben, wo immer sie mit Erde in Berührung kommen**
- **an den vierkantigen fädigen Stengeln**
- **an den Blättern, die sich gegenüberstehen, deren Oberseite wie lackiert glänzt und deren Netz von Blattadern stark hervortritt**
- **an dem ungewöhnlich würzigen und aromatischen Duft der zerriebenen Blätter, der entfernt an grüne Bohnen erinnert**
- **an den blau-violetten Blüten. Sie stehen in den Blattachseln und haben eine Ober – und Unterlippe (Lippenblütler), letztere ist dunkel punktiert.**

Wo finde ich Gundermann?

- überall dort, wo gärtnerische und landwirtschaftliche Aktivität erkennbar ist
- bevorzugt im Schatten auf feuchtem und humusreichem Boden, wo er sich besonders üppig ausbreitet und auffällig große Blätter hervorbringt
- auch an sonnigen Standorten, wo seine Blätter etwas kümmerlich und ledrig, oft rötlich getönt werden und wo er zum Ausgleich zahlreiche blühende Stengel produziert
- in Gesellschaft mit Knoblauchsrauke, Echtem Nelkenwurz, Giersch und in angemessener Entfernung mit Brennesseln
- im Garten unter Hecken und Bäumen, in der Nähe des Komposts, im Rasen

Womit kann ich Gundermann verwechseln:

- im Frühjahr und Herbst mit Knoblauchsrauke und Echtem Nelkenwurz, beide Pflanzen aber sind ungiftig und v wertbar

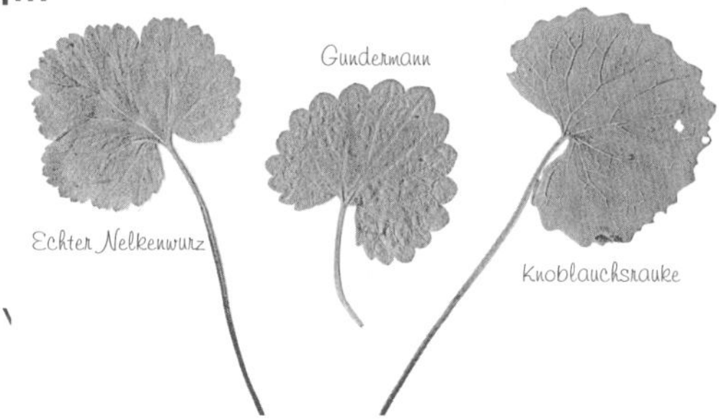

Merke:

- Knoblauchsrauke:
  Blattoberseite glänzt nicht
  Blätter stehen in einer Rosette, und der Stengel kriecht nicht
  Duft der zerriebenen Blätter: Knoblauch/Zwiebel/Schnittlauch
- Echter Nelkenwurz:
  Blätter sind haarig und meist 3-fach eingebuchtet
  Am Blattstengel sind noch weitere kleine Blättchen zu erkennen
  Stengel kriecht nicht
  Die zerriebenen Blätter duften nicht

Historisches

Stark duftende Kräuter verwendete man im Mittelalter meist als Zauberkräuter. So sollte auch Gundermann mit seinem Duft die bösen Geister abwehren, die die Kühe verzauberten, so daß sie keine Milch mehr geben konnten. Auch hoffte man, Hexen zu erkennen, wenn man sich in der Walpurgisnacht eine Ranke Gundermann um den Kopf legte.

Blühender Gundermann

Auch waren Segenssprüche beliebt, um beim Sammeln die heilende Wirkung von Kräutern nicht zu gefährden.

„Guntrebe, der Herr hat Dir Gnad gegeben."

Der volkstümliche Name Soldatenpetersilie, der sicherlich zur Zeit des dreißigjährigen Krieges gebräuchlich war, kennzeichnet treffend seine Verwendung: Würze zum Nulltarif von der Wiese.
Gundermann wurde auch von Hildegard von Bingen als Heilkraut empfohlen: „Wenn ein Mensch infolge fleischlicher Begierde und Unenthaltsamkeit aussetzig wird", so soll er in einem Sud baden aus:

1 Teil Odermennig
1/3 davon Ysop
und
3 x soviel wie beide Gundermann.

Naturgarten Tip

Kein Garten ohne Gundermann oder, der Gleichberechtigung wegen, ohne Gundelrebe. Das Kräutlein wächst in jedem Garten, ohne daß es angepflanzt werden muß. Es gedeiht prächtig unter dem Holunder, zwischen Beerensträuchern, unter der Hecke und in der Nähe des Kompostes. An diesen Stellen kann sich Gundermann ungestört ausdehnen, ohne Gemüse und Blütenstauden zu bedrängen.

Die ungetrübte Wüchsigkeit von Gundermann kann man sich zunutze machen, indem man ihn als einheimischen Bodendecker anpflanzt.

Extras

Pflanzt man mehrere Blattranken in einen Blumentopf, bedeckt dabei mindestens einen Blattansatz mit Erde und hält sie gut feucht, so bildet Gundermann sehr schnell Wurzeln und wächst alsbald üppig über den Topfrand hinaus. Mit ein wenig Blumendünger gedeiht er zu einer dekorativen Grünpflanze mit bis zu einem Meter langen Ranken. Die „Unkraut" – Grunpflanze sieht besonders hübsch aus in Hängetöpfen, Blumenkästen oder als Unterwuchs von Topfbäumchen. Auch lassen sich die Ranken zwingen, um Drahtbögen herumzuwachsen.
Selbst als Tischdekoration oder zur Verzierung von Käseplatten eignen sich die langen Ranken.

Inhaltsstoffe

Vitamin C
Gerbstoffe, Bitterstoffe
Ätherische Öle
Mineralstoffe, insbesondere Kalium
ein wenig Saponin

Sammeln und aufbewahren:

Gundermannblättchen lassen sich vom Frühjahr bis zum Spätherbst sammeln. Sie werden frisch verwendet oder ohne sie zu blanchieren eingefroren.

Verwendung:

Junge Blättchen während des ganzen Jahres als Würzkraut allein oder mit anderen Kräutern gemischt zu:
Suppen, Soßen, Salaten, Süßspeisen, Getränken, eßbarer Dekoration (Blüten und Blätter)

Bunter Nudelsalat, S. 128
Gefüllte Blätter mit Kräuterkäse, S. 132
Gefüllte Tomaten, S. 125
Gelee aus duftenden Blättern und Blüten, S. 120
Gierschlimonade, S. 122
Grüner Kartoffelsalat, S. 126
Gundermanneis, S. 117
Gundermann-Konfekt, S. 119
Gundermannparfait, S. 118
Gurkensalat mit Giersch und Gundermann, S. 131
Gurkensuppe (kalt) mit Brennesselsamen, S. 132
Kräuterbutter, S. 120
Kräuteressig, S. 120
Kräuter-Gurkensuppe (kalt), S. 133
Kräuterkartoffeln, S. 133
Kräuterlikör, S. 120
Kräuterquark, S. 133
Kräuter-Tomatensuppe, S. 128
Taboulé mit Wildkräutern, S. 135
Vier-Jahreszeiten-Kräuterbowle, S. 124
Wiesensuppe, S. 129
Wildkräuter-Pesto, S. 121
Wildkräuter-Tomatensalat, S. 131

Knoblauchsrauke

Alliaria petiolata,
Alliaria officinalis (Brassicaceae,
Kreuzblütengewächse),
Lauchhederich, Bärentatze,
Hedge Garlic (Engl.),
Alliaire (Franz.)

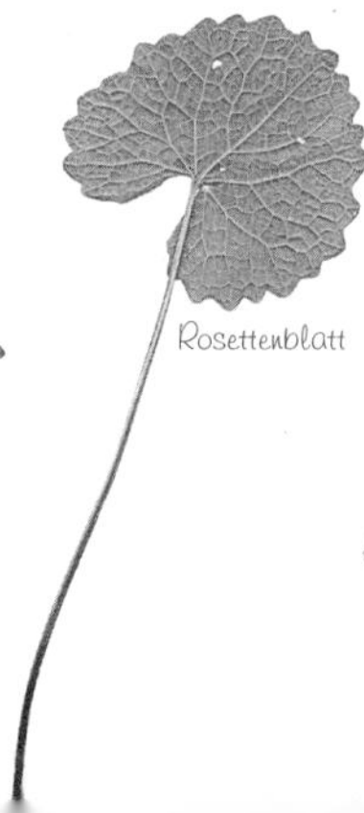

Die Alternative ohne Reue

Das, was vor uns liegt, erinnert ein wenig an Brennesseln, aber die hellen Blätter brennen nicht, wie ein Selbstversuch zeigt.

Es sind wirklich keine Brennesseln, sondern es ist Knoblauchsrauke. Und die Pflanze heißt nicht nur so – sie riecht und schmeckt auch nach Knoblauch. Wenn Sie die Blätter zwischen den Fingern zerreiben und ein wenig warten, dann riechen Sie den intensiven und ein wenig scharfen Knoblauchgeruch. Und dieser Duft gibt Speisen ein sehr feines Aroma, wenn das Allerweltskraut zugefügt wird. Ganz besonders pikant schmeckt Knoblauchsrauke, wenn daraus grüne Crepes zubereitet werden.

Knoblauchsrauken-Crepes – also zu deutsch Knoblauchsrauken-Pfannkuchen?

In etwa, der Teig enthält allerdings mehr Eier und weniger Mehl als Pfannkuchen. Deshalb lassen sich Crepes auch hauchdünn ausbacken und sind insgesamt viel feiner.

Und wie wird das gemacht?

Wir brauchen dazu 4 Eier, 1/4 l Milch und die feingehackten Blätter der Knoblauchsrauke. Alles zusammen wird jetzt mit dem Pürierstab oder Zauberstab püriert.

Das sieht aber sehr schön grün aus.

Nicht nur die Milch ist grün, sondern auch die fertigen Crepes. Jetzt rühre ich 150 g Mehl in die Kräutermilch und stelle den fertigen Teig beiseite. Er muß etwa eine halbe Stunde quellen. Dies ist besonders wichtig, wenn Vollkornmehl oder 1050 Mehl verwendet wird. Der Teig ist danach schön cremig und kann ausgebacken werden. Am liebsten nehme ich eine beschichtete Pfanne und gebe nur einen Hauch Fett hinein. Ist das Fett heiß, dann kommt eine Kelle voll Teig hinein. Mit einem Holzschaber wird alles gut glatt gestrichen, damit die Crepes recht dünn werden.
Wenn die Ränder ganz leicht zu bräunen beginnen, wird gewendet. Ist auch die andere Seite durchgebacken, kann man die Crepes aufrollen und direkt essen. Noch besser schmecken sie natürlich, wenn sie mit Wildgemüse und Käse gefüllt werden oder Tomaten, wie man es aus den Creperien vielleicht kennt.

Nur mit dem Unterschied, daß selbst in der französischen Küche Knoblauchsrauken-Crepes unbekannt sind.

Blühende Knoblauchsrauke

Wie erkenne ich Knoblauchsrauke?

- **an dem intensiven Knoblauchgeruch der zerriebenen Blätter. Das Aroma entwickelt sich besonders gut in der warmen Hand.**
- **an den Blättern, die sich von den Grundblättern über die Stengelblätter bis zu den Blättern im Blütenbereich von groß und fast rund zu klein, stark gezähnt und herzförmig spitz verändern**
- **an den vielen kleinen, weißen Blüten, die wie bei einer Traube angeordnet sind und deren vier Blütenblätter sehr leicht abfallen**
- **im Sommer an den etwa 50 cm hohen, trockenen Stengeln, die bis zu 5 cm lange und sehr dünne Schoten tragen, die bei Berührung aufplatzen und die schwarzen Samen freigeben**
- **im zeitigen Frühjahr und im Herbst an den zarten gelbgrünen Pflänzchen, die flächendeckend unter Hecken zu finden sind**

Wo finde ich Knoblauchsrauke?

- auf nährstoffreichem, frischem Boden meist im Halbschatten
- an Hecken, Zäunen, Gebüsch – und Waldsäumen
- an beschatteten Wegrändern
- im naturnahen Garten
- in Gesellschaft mit Gundermann, Brennessel und Echtem Nelkenwurz, gern auch in der Nähe von gefleckter Taubnessel

Womit kann ich Knoblauchsrauke verwechseln:

- im zeitigen Frühjahr mit Scharbockskraut, das sehr schmackhaft ist und Vitamin C enthält
- im Frühjahr und Herbst mit Gundermann und Echtem Nelkenwurz

Merke:

- Scharbockskraut hat auffällig glänzende Blätter, die sich knackig anfühlen und die zerrieben nicht nach Knoblauch duften. Wird Scharbockskraut gemeinsam mit Knoblauchsrauke gefunden, dann hat es bereits gelbe Blüten.
- Gundermann und Nelkenwurz: siehe unter „Gundermann“

Historisches

Wie der Name unschwer erkennen läßt, hat dieses Kraut etwas mit Knoblauch zu tun. Es ist zwar nicht mit Knoblauch verwandt, noch sieht es wie dieser aus, aber Knoblauchgeruch entströmt den Blättern, wenn sie in der warmen Hand zerrieben werden. Und auch die wissenschaftliche Bezeichnung Alliaria stellt die Verbindung zu echtem Knoblauch und der Zwiebel her, denn beide heißen Allium.
Knoblauchsrauke ist verwandt mit der Brunnen- und Gartenkresse, deren Blüten ebenso unscheinbar weiß sind wie die der Rauke und sehr schnell abfallen. Ähnlich scharf schmeckt auch das Wiesenschaumkraut, das im April feuchten Wiesen eine charakteristische „Schaumkrone“ aufsetzt.

Das interessante Aroma der Familie der Kreuzblütler hat die Menschen seit langer Zeit angeregt, schmackhafte Gemüsesorten daraus zu züchten.
Durch geschickte Kombinationen und noch geschicktere Ausleseverfahren verschiedenster Kreuzblütler ist die Vielfalt von Kohlsorten entstanden, die auf Gemüsemärkten angeboten wird: Grünkohl, Weiß- und Rotkohl, Spitzkohl, Broccoli, Blumenkohl und wie sie alle heißen. Auch Radieschen, Meerrettich und Radi gehören in diese Pflanzenfamilie.

In neuerer Zeit hat ein anderer Vertreter der Kreuzblütler ganz besondere Bedeutung erlangt, nämlich der Raps als nachwachsender Rohstoff. Die Samen liefern Öl für Margarine und Biodiesel. Als „Salz in der Suppe“ wurde Knoblauchsrauke vor allem von der ärmeren Bevölkerung im Mittelalter genutzt, die sich die teuren Gewürze nicht leisten konnte. Man schätzte den Geschmack auch zu gesalzenem Fisch und Hammelbraten, dem es den aufdringlichen Geschmack nehmen sollte.

Der Kräutergelehrte Gerard empfahl das Kraut gegen Nierensteine, Koliken und Magenwinde mit folgendem Rezept: „Die Samen aufkochen und in Wein ziehen lassen.“

Vielleicht mag auch sein folgendes Rezept geholfen haben: „Ein Quentchen frische, fein gehackte Blätter hinaufgeschnupft, beruhigt aufgeregte Geister.“

Naturgarten Tip

Knoblauchsrauke läßt sich sehr einfach im Heckenbereich eines Naturgartens ansiedeln. Im Spätsommer werden die reifen Schoten mit den kleinen, schwarzen Samen von einer Pflanze gestreift und z.B. an der Hecke ausgestreut. Meist schon im kommenden Frühjahr entwickeln sich die typischen Rosetten, die erst im folgenden Jahr blühen. Die zweijährige Pflanze verbreitet sich danach ohne weitere Pflege. Die Samen werden unter anderem auch von Ameisen weitergetragen.

Knoblauchsrauke, wie viele andere Kreuzblütengewächse, ist Nahrungspflanze für die Raupen des Aurorafalters, der mit seinen orangeroten Flügelzipfeln ein fliegendes Kleinod in jedem Naturgarten ist.

Extras

Wenn auch Knoblauchsrauke nach Knoblauch duftet, so ist das Alliciin des Knoblauch eine andere Substanz als das Senfölglycosid der Knoblauchsrauke. Zwar wirken Senfölglycoside antiseptisch wie die Inhaltsstoffe des Knoblauch, zusätzlich aber auch leicht harntreibend. Knoblauchsrauke setzt man deshalb gern bei Frühjahrskuren zur allgemeinen Entschlackung und bei rheumatischen Beschwerden und Gicht ein.

Hat man im Sommer sehr viel Zeit, dann kann man einmal versuchen, aus den schwarzen Samen Senf herzustellen oder sie anstelle von Senfkörnern Mixed Pickles zuzusetzen.

Eine botanische Besonderheit ist die Form der Blätter, die von nierenförmig rund der Rosettenblätter zu herzförmig spitz und klein der oberen Stengelblätter variiert. Mit der Form verändert sich nämlich auch ihre Funktion. Die größeren Rosettenblätter, die im zeitigen Frühjahr gebildet werden, sollen das Licht einfangen und der Pflanze genügend Energie für das weitere Wachstum liefern. Je höher der Stengel wächst, desto kleiner werden die Blätter und machen Platz für die Blüten. Denn es soll kein Blattschatten die ohnehin etwas magere Blütenpracht stören, die kleine Insekten zum Bestäuben anlocken soll.

Inhaltsstoffe

Senfölglycosid Sinigrin
Ätherische Öle

Verwendung:

Blätter, Samen zu
Suppen, Saucen, Salaten, Kräuterfüllungen, Wildgemüse

Blätter

Blätter im Teigmantel, S. 125
Bunter Nudelsalat, S. 128
Frühlingssalat, S. 130
Gefüllte Blattrouladen, S. 124
Gefüllte Blätter mit Kräuterkäse, S. 132
Gedünstetes Wildgemüse, S. 130
Grüner Kartoffelsalat, S. 126
Grüne Plätzli, S. 126
Kartoffelgratin, S. 127
Knoblauchsrauken-Crepes mit
Wildgemüse-Füllung, S. 127
Kräuterbutter, S. 120
Kräuter-Gurkensuppe (kalt), S. 133
Kräuterkartoffeln, S. 133
Kräuterquark, S. 133
Kräuter-Vollkornbrot, S. 116
Taboulé mit Wildkräutern, S. 135
Wildkräuter-Pesto, S. 121
Wildkräuter-Tomatensalat, S. 131
Wiesensuppe, S. 129

Samen

Mixed Pickles, S. 134
Stengel süß-sauer, S. 135

Sammeln und aufbewahren:

Blätter werden im Frühjahr, möglichst bevor die Pflanze blüht, gesammelt oder im Spätsommer bis Herbst die überwinternden Rosettenblätter. Natürlich lassen sich auch die Blätter der blühenden Pflanze verwerten, jedoch schmecken sie nicht mehr so aromatisch. Samen sind im Spätsommer reif.

Wildgemüse wie Knoblauchsrauke pflückt man möglichst vormittags, weil sie dann am saftigsten sind. In einem geschlossenen Topf im Kühlschrank können sie mehrere Tage aufbewahrt werden. Als Würzkraut läßt sich frische Knoblauchsrauke allein oder gemischt mit anderen Kräutern in Streifen geschnitten auch einfrieren.

Labkraut

Rubiaceae, Rötegewächse,
Maria Bettstroh, Bedstraw (Engl.),
Gaillet (Franz.)

Wiesen-Labkraut
Galium mollugo

Echtes Labkraut
Galium verum

Kletten-Labkraut
Galium aparine

Duftendes Labkraut, Waldmeister
Galium odoratum oder Asperula odorata

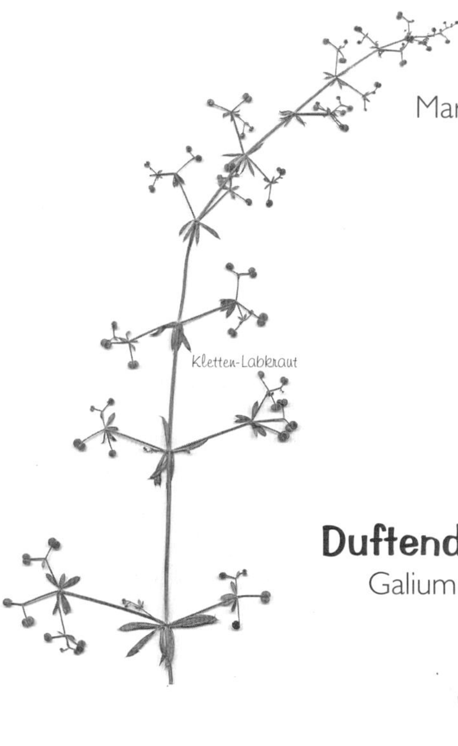

Wie die Wiese aufs Brötchen und ins Glas kam

Im Regal neben Ihrem Eßtisch stehen etliche kleine Gläschen mit unterschiedlich farbigem Inhalt. Was lese ich da? Pfefferminzgelee, Schlehengelee, Tannengelee, Lavendelgelee, und hier sogar Labkraut.

Ja, das ist Gelee von Echtem Labkraut.

Knallgrün sieht es aus – eine ungewöhnliche Farbe für ein Gelee. Alle anderen sind hellgelb bis orange und in einem Fall sogar knallrot.

Dieses Gelee hat für mich die schönste Farbe überhaupt. Es ist Rosengelee.

Rosen von Heckenrosen, die im Herbst zu Hagebutten werden?

Nein, das sind Rosen aus dem Garten, also Zierrosen bzw. Zuchtrosen. Heckenrosen haben keinen so intensiven Duft, deshalb nehme ich lieber Rosen aus dem Garten. Die Gelees schmecken köstlich und duften wie ein Rosengarten.

Hier habe ich noch ein Gläschen entdeckt, Gänseblümchengelee, ist das ihr Ernst?

Natürlich – im Grunde kann man alle duftenden Blüten zu Gelees verarbeiten. Selbstverständlich dürfen die Blüten weder giftig noch gespritzt sein und auch nicht gerade an einer Hauptverkehrsstraße wachsen.

Nun stehen hier fast 20 verschiedene Blütengelees im Regal, und alle sind in zierlichen kleinen Gläschen. Hat das einen bestimmten Grund?

Ja, kleine Mengen sind bei diesen ausgefallenen Delikatessen wichtig. Erstens sind sie etwas ganz Besonderes und Kostbares, und zweitens möchte man ja doch auch alles probieren.
Wenn ich von jedem dieser Gelees große Marmeladengläser von 450 g hätte, müßte ich wochenlang dasselbe Gelee essen.

Also, jetzt riecht es hier fast wie in einem Blumenladen, das muß an den vielen geöffneten Gläschen liegen. Ich bin mehr als überrascht, die Gelees schmecken nach dem, was drauf steht. Aber viele Gläschen heißt auch viel Arbeit?

Nein, eigentlich nicht. Ich muß ja nicht alle an einem Tag einkochen, auch wenn die Zubereitung kinderleicht ist. Ich sammle bei einem Spaziergang das sattgelbe, duftende Labkraut oder gehe in den Garten und pflücke die schönsten duftenden Blüten.
Der Duft ist an einem sonnigen Tag am intensivsten. Ganz klar, verblühte Blüten eignen sich natürlich nicht mehr. Meine Ernte lege ich für eine Stunde auf einem Tisch aus, damit sich alle Tiere, die noch in den Blüten wohnen, eine neue Bleibe suchen können, und dann schütte ich alles in den Topf. Das Ganze wird mit

Wasser bedeckt, aufgekocht, abgegossen und durch einen Kaffeefilter filtriert.

Und der Saft duftet auch schon?

Und wie, das ganze Haus wird zum Aromagarten.

Läßt sich der Duft auch noch irgendwie anders verwerten?

Ja, stellen Sie sich einen heißen Sommertag vor, und Sie trinken eisgekühlte Blütenbowle.

Wie, die Blüten kann ich auch trinken?

Nun, so wörtlich ist es nicht gemeint. Nehmen Sie doch mal das duftende Labkraut, es kann das weiße Wiesen Labkraut und das gelbe Echte Labkraut sein. Ich bündele die Zweige zu einen Strauß zusammen und hänge ihn in einen Liter Apfelsaft. Dazu gebe ich noch zwei Hände voll duftender Rosenblüten, Lavendelblüten, Gänseblümchen und was ich sonst noch blühendes finde. Der Topf wird mit einem Tuch abgedeckt und für ein paar Stunden kühl gestellt.

Das erinnert mich an Waldmeisterbowle, allerdings nimmt man dazu natürlich Weißwein.

Meine Blütenbowle enthält keinen Alkohol, aber sicher schmeckt es genauso

Wiesen-Labkraut

gut, wenn ich Wein statt Apfelsaft verwende. Nach 2 – 3 Stunden hat der Saft das Aroma der Blüten angenommen, und ich nehme sie heraus. Ein Schuß Zitronensaft verfeinert das Aroma. Bevor die Bowle serviert wird, gieße ich sie in einen schönen gläsernen Krug und gebe nochmals frische und bunte Blüten dazu. Zum Schluß gieße ich mit Mineralwasser auf und kühle mit Eiswürfeln. Blütenbowle ist ein Genuß für Augen und Gaumen.

Das sieht ja wie eine schwimmende Blumenwiese aus. Kann ich das mit anderen Pflanzen auch machen? Mir fällt gerade Thymian, Origano, Pfefferminz und Zitronenmelisse ein.

Natürlich, ob Gelee oder Bowle, alles was duftet, kann verwertet werden.

So also kommt die Wiese ins Glas und aufs Brötchen.

Wie erkenne ich Labkräuter?

- **an der typischen Blattstellung. Am Stengel steht etagenweise ein Kranz aus schmalen Blättern.**
- **sind die Blätter fast nadelförmig, so ist es Echtes Labkraut**
- **sind Blätter und Stengel hakig, zerkratzen die Haut und hängen sich mühelos an der Kleidung fest, dann ist es Kletten-Labkraut**
- **sind die Blätter weder schmal noch breit und wächst die Pflanze auf der Wiese, so ist es Wiesen-Labkraut**
- **sind die Blätter weder schmal noch breit und wächst die Pflanze im Laubwald, dann ist es Waldmeister**
- **an der Blütenfarbe. Echtes Labkraut blüht gelb, die übrigen weiß mit Ausnahme von Kreuz Labkraut, das nur 4 Blätter je Etage hat.**
- **am Duft der Blüten. Die schaumig weißen Blütenstände von Wiesen-Labkraut und die gelben von Echtem Labkraut duften nach Honig. Waldmeisterblüten duften wenig, die von Kletten-Labkraut, die ziemlich unscheinbar sind, überhaupt nicht.**
- **am Duft der zerriebenen Blätter. Nur Waldmeister duftet eben nach Waldmeister.**

Wo finde ich Labkräuter?

- Echtes Labkraut auf Wiesen, Böschungen, moorigen Standorten, wenn sie nährstoffarm sind
- Wiesen-Labkraut: hauptsächlich auf sogenannten Fett-Wiesen, an grasigen Weg- und Waldrändern. Aber auch auf magerem Boden in Gesellschaft mit Echtem Labkraut.
- Klettenlabkraut als Unterwuchs von Hecken, stickstoffreichen Flußauen und im Garten
- Waldmeister nur in lichten Laubwäldern (Buchenwälder), in Gesellschaft mit Anemonen und Wald Labkraut

Womit kann ich Labkräuter verwechseln:

- Labkräuter verwechselt man im Blattstadium nur mit anderen Labkräutern, die alle ungiftig sind und verwertet werden können
- Waldmeister verwechselt man am häufigsten mit Wald Labkraut

Historisches

Viele Geschichten ranken sich um die Bedeutung des Namens. So soll Labkraut ein Enzym enthalten, das wie das Labferment aus dem Kälbermagen die Milch gerinnen läßt. Ob allerdings die griechischen Hirten tatsächlich diese Pflanzen zur Käseherstellung verwendet haben, scheint fraglich, denn auch nach vielen Versuchen ist es nicht gelungen, das Ausflocken der Milch mit Labkraut nachzuvollziehen. Eine andere Deutung ist die, daß das hakige Kletten-Labkraut zu einem Sieb ver-

Merke:

- die Blätter von Wald Labkraut sind blau-grün mit einer weißlichen Wachsschicht, die von Waldmeister sind eher gelb-grün
- auch nach intensivem Zerreiben duftet Wald Labkraut nicht nach Waldmeister

flochten wurde, mit dem man die Milch abseihte. Der wissenschaftliche Name Galium ist griechisch und heißt Milch.

Labkräuter sind Färbepflanzen, deren Wurzeln mit der entsprechenden Beize Wolle rot färben. Dieser Eigenschaft verdankt die Pflanzenfamilie ihren deutschen Namen Rötegewächse. Der im Mittelmeergebiet heimische Krapp (Galium tinctorium) war schon im Altertum bekannt und wurde von Karl dem Großen im europäischen Raum eingeführt. In dem ihm zugeschriebenem „Capitulare de villis", das Anweisungen zum Anbau verschiedenster Gemüse- und Heilpflanzen enthält, ist auch Krapp aufgeführt. In jener Zeit

Echtes Labkraut

wurden die ersten größeren Krappkulturen angelegt. Voller Neid blickte man jedoch auf griechische Färber, denen es gelang, anstelle des eher braunroten Farbtones ein leuchtendes Rot zu schaffen, das unter dem Namen Türkischrot bekannt wurde. Das Rezept war ein großes Geheimnis. Man wußte nur, daß es eine langwierige Methode war, zu der außer Krapp auch Ochsenblut, Galläpfel, Kreide und Pottasche nötig waren. Um 1870 gelang es den Chemikern Graebe und Liebermann, den Krappfarbstoff erstmals zu synthetisieren. Er wurde Alizarin genannt zu Ehren des orientalischen Namens Lizari oder Alizari für Krapp. Die nordeuropäischen Arten Wiesen- und Kletten-Labkraut färben allerdings nicht so intensiv wie Krapp.

Die dottergelben, duftenden Blüten des Echten Labkrautes werden auch zum Färben verwendet, allerdings von Käse. Sie geben dem Cheddar-Käse Farbe und gleichzeitig sein charakteristisches Aroma.

Labkräuter werden auch Maria Bettstroh genannt und sind als Füllung von Matratzen verwendet worden.

Extras

Wiesen-Labkraut mit seinen duftigen weißen Blütenständen verschönert jeden Sommerblumenstrauß. Die Stengel knicken sehr leicht, so daß

Naturgarten Tip

In einer Blumenwiese darf Wiesen-Labkraut nicht fehlen. Es läßt sich sehr leicht aus Samen ziehen, die man im Spätsommer überall an Wegrändern ernten kann und direkt wieder aussäht. Echtes Labkraut ist nur auf sehr magerem Boden konkurrenzfähig. Gartenerde ist meist nährstoffreich, so daß Echtes Labkraut vom wüchsigen Wiesen-Labkraut verdrängt wird. Kletten-Labkraut siedelt sich ohne Kulturmaßnahmen in einem Naturgarten an. Bevorzugte Standorte sind Hecke und Heckenrand.

Waldmeister oder duftendes Labkraut wächst ebenfalls problemlos im Garten. Er gedeiht unter Laubbäumen, braucht im zeitigen Frühjahr Sonne und später den Schatten des Laubes. Waldmeisterpflanzen kauft man am besten in einer Gärtnerei.

Vorsicht beim Binden der Sträuße geboten ist. Die Mühe lohnt sich.

Im Spätsommer, wenn die Pflanze mit kleinen, kugeligen Früchten übersät ist, vertrocknet das Kraut und eignet sich als zierliches Beiwerk in Trockenblumenkränzen oder Sträußen.

Aus Kletten-Labkraut, das mit hakigen Stengeln Kräuter und Sträucher überwuchern kann, lassen sich im Handumdrehen grüne Kränze winden. Kinder haben besonders viel Freude an den üppigen Kronen, mit denen sie ihren Kopf schmücken können.

Sollte Kletten-Labkraut zu einem Problemkraut im Garten werden, so tröstet es vielleicht, daß die frischen Sproßspitzen wie junge Erbsen schmecken und als Wildgemüse zu Salaten verwendet werden können. Die hakigen Früchte ergeben geröstet Kaffee.

Getrocknetes Echtes Labkraut (blühendes Kraut) sowie Waldmeister (Blätter) eignen sich für Kräutersäckchen, Duftkissen und Duftpotpourries. (Anleitung siehe unter Beifuß)

Der Duft des Waldmeisters entwickelt sich erst, wenn das Kraut welkt und dabei der Zellsaft mit dem übrigen Zellinhalt vermischt wird. Erst dann spaltet ein Enzym das Cumarin aus dem Glycosid ab. In der intakten Zelle begegnen sich die beiden Komponenten nie.

Inhaltsstoffe

Kieselsäure
Gerbstoffe
Flavonoide
Cumarin-Glycoside (Waldmeister, Echtes Labkraut)
Aucubin

Verwendung:

Wiesen-Labkraut: Gelees, Getränke, Süßspeisen, Wildgemüse
Echtes Labkraut: Gelees, Getränke, Heilkraut
Waldmeister: Gelees, Getränke, Süßspeisen, Saucen, Marinaden
Kletten-Labkraut: Wildgemüse

Wiesen-Labkraut
Junge Sprossen oder Sproßspitzen

Blumenstraußsalat, S. 130
Gedünstetes Wildgemüse, S. 130
Kartoffelgratin, S. 127
Labkraut-Apfelsalat, S. 131
Labkraut-Tomatensalat, S. 131
Wiesensalat, S. 130

Sammeln und aufbewahren:

Alle Labkräuter werden frisch verwendet. Blüten sammelt man stets an einem sonnigen Tag am besten um die Mittagszeit.
Wiesenlabkrautsprossen sind im Frühjahr vor der Blüte am zartesten. Sie können aber auch im September nach der Maht noch einmal geerntet werden. Eine überlieferte Regel besagt, daß Waldmeister vor der Blüte geerntet werden muß. Waldmeister wurzelt nur sehr leicht im Boden und muß mit der Schere abgeschnitten werden, um die Wurzeln und unterirdischen Ausläufer nicht zu beschädigen oder zu vernichten.

Blüten

Gelee aus duftenden Blättern und Blüten, S. 120
Blütenlimonade, S. 122
Blüten-Mousse, S. 117
Blüten-Sorbet, S. 118
Labkrautsekt, S. 123

Echtes Labkraut
Blüten

Gelee aus duftenden Blättern und Blüten, S. 120

Waldmeister
Blätter

Gelee aus duftenden Blättern und Blüten, S. 120
Vier-Jahreszeiten-Kräuterbowle, S. 124
Waldmeister-Eis (s. Gundermanneis), S. 117
Waldmeister-Sorbet (s. Blüten-Sorbet), S. 118

Kletten-Labkraut
Sehr junge Sproßspitzen

Frühlingssalat, S. 130

Reife Früchte

Kaffee (s. Löwenzahn-Kaffee), S. 121

Löwenzahn

Taraxacum officinale
(Korbblütler, Asteraceae),
Kuhblume, Butterblume,
Kettenblume, Mönchskopf,
Dendelion (Engl.), Pissenlit (Franz.)

Hol Dir die Sonne auf den Teller

Kommen Sie mit, nehmen Sie Platz auf dieser Bank – genießen wir gemeinsam den Anblick dieser wunderschön gelbblühenden Löwenzahnwiese. Hier ist unser heutiger Mittagstisch – fast – schon gedeckt.

Soll das heißen, Löwenzahn steht als Delikatesse vom Wegesrand auf der Speisekarte?

Ja, aber wir werden den Löwenzahn für unsere Mahlzeit nicht hier pflücken. Diese optisch prachtvolle Wiese sagt mir leider auch, daß sie sehr stark gedüngt worden ist. Wir werden deshalb noch ein bißchen weitergehen. Dort am Waldrand, da ist weder gedüngt noch gespritzt, und es gibt auch ausreichend Löwenzahn. Leider ist es heutzutage immer noch wichtig, sich die Flächen genau auszusuchen. Also weg von gespritzten Feldern und überdüngten Wiesen und natürlich auch von Straßenrändern.

Und von Hunden?

Das natürlich auch. Direkt an einer Bank sollte man nicht sammeln. Denn das ist ein Ruheplatz, der auch gern von Hunden genutzt wird. Was hier ringsherum blüht, ist schön fürs Auge aber nicht für den Kochtopf. Lassen wir diese Pflanzen besser stehen und gehen ein bißchen weg von der Zivilisation. Überall gibt es Wald- und Wiesenränder, die reiche Löwenzahnernte bieten. Noch besser ist der Löwenzahn im eigenen Garten. Ich kann es nicht so recht verstehen, daß so viele Gartenbesitzerinnen und Gartenbesitzer Agressionen gegen diese sonnige Pflanze entwickeln. Durch Aufessen läßt er sich doch problemlos kontrollieren.

Hier entlang des Weidezauns gibts auch Löwenzahn, nicht so viel wie auf der großen wunderschön gelben Wiese. Ich sehe noch sehr viele Knospen, da dauert es wohl noch ein paar Tage, bis alle Blüten aufgegangen sind.

Da sind wir genau richtig – denn wir brauchen nur die Knospen. Heute stehen gebackene Löwenzahnknospen auf der Speisekarte. Also, wir sammeln nur die Knospen – ohne Stiel, denn der ist ein wenig bitter.

So, jetzt heißt es erst einmal auf die Knie und pflücken. Wieviel brauchen wir denn für eine Mahlzeit?

Für eine Hauptmahlzeit reichen pro Person etwa zwei Hände voll Löwenzahnknospen.

Das geht ja relativ schnell. Aber wird man davon auch satt?

Lassen Sie sich mal überraschen. Zuerst werden die Löwenzahnknospen in kochendem Wasser blanchiert. Etwa 2 Minuten reichen, bis sie etwas weich geworden sind. Danach werden sie abgegossen, in kaltem Wasser abgeschreckt und gut abgetropft. Das Brühwasser gieße ich nicht weg, sondern verwerte es für Suppen und Soßen. Nebenbei fängt man damit auch die Mineralstoffe auf, die evtl. aus den Knospen ausgekocht worden sind.

Es riecht schon etwas nach Heu, aber wie gehts jetzt weiter?

Wir brauchen drei Schüsseln. In die eine kommt Mehl, in die zweite ein Ei, das mit Salz verquirlt wird, und in die dritte Paniermehl. Die Löwenzahnknospen wende ich der Reihe nach in Mehl, Ei und Paniermehl wie Schnitzel. Und jetzt hinein in die Pfanne mit heißem Butterschmalz. Bei geringer Hitze alles schön goldbraun backen. Wer mag, kann noch Knoblauch dazutun. Dann kommen die Löwenzahnknospen in eine Schüssel und werden vor dem Servieren noch mit Zitronensaft beträufelt. Dazu habe ich noch eine würzige Quarksoße zubereitet – natürlich mit Wildkräutern.

Na dann nichts wie an den Tisch.

Und nach dem Essen gibt es eine Tasse Kaffee, Löwenzahn-Kaffee. Dafür müssen wir aber erst zum Spaten greifen. Wir brauchen die Wurzeln des Löwenzahns, die im Herbst und auch im zeitigen Frühjahr schön dick und saftig sind. Aus den Wurzeln entsteht nämlich der echte Löwenzahn-Kaffee.

Aus diesen komischen krummen und erdigen Dingern wollen Sie mir einen Kaffee zubereiten?

Wie erkenne ich Löwenzahn?

- **im zeitigen Frühjahr, oft schon im Februar an den stark gezähnten Blättern, die manchmal rötlich überlaufen sind und sich als Rosette platt an den Boden drücken**
- **von März bis April an den sehr unterschiedlich gezähnten Blättern, die weder auf der Oberseite noch auf den Rippen der Unterseite behaart sind**
- **an den Knospen, die einen Kranz von abstehenden Blättchen besitzen**
- **an dem weißen Milchsaft**
- **an den gelben Blüten, die zu mehreren Hundert dicht gedrängt von einem Hüllkelch, dem Körbchen, so zusammengehalten werden, daß der ganze Blütenstrauß wie eine einzige Blüte aussieht**
- **und natürlich an der Pusteblume**

Die Erde schlagen wir etwas ab, und dann waschen wir die Wurzeln gründlich.

Aber wie lange müßte ich dann noch warten, bis ich mich am Löwenzahnkaffee erfreuen kann?

Das dauert überhaupt nicht lange. Die noch grünen Blätter schneide ich ab, und dann wird die Wurzel geputzt, etwa so wie bei einer Möhre. Ganz klar, weshalb ich die dicken Wurzeln bevorzuge. Sie machen etwas weniger Arbeit.

Nun, kein Kaffee ist umsonst. Ich helfe jetzt, die Wurzeln in kleine Stückchen zu schneiden.

Die Stückchen sollten etwa Kaffee-bohnengröße haben, damit sie schnell und gleichmäßig im Ofen trocknen oder rösten. Wenn alles geschnitten ist, legen wir die Wurzeln auf einem Backblech dünn aus und schieben sie in den Backofen und rösten sie bei 230 bis 250 Grad. Bei einem Umluftherd reichen 180 Grad.

Und wie lange muß ich jetzt noch warten?

Ein klein wenig Geduld brauchen sie noch. Es dauert etwa 10 bis 15 Minuten, dann sind die Wurzelstückchen kaffeebraun geworden. Ab und zu wende ich die Stückchen, damit sie von allen Seiten gleichmäßig bräunen, und beim Öffnen der Backofentür kann auch gleich die Feuchtigkeit abziehen.

Löwenzahn-Kaffee kannte ich bisher noch nicht. Zichorienkaffee ist mir ein Begriff. Er wird aus der Wurzel der schönen, blaue Blume vom Wegesrand, der Wegwarte gewonnen. Dabei fällt mir ein, daß Löwenzahn und Wegwarte ja miteinander verwandt sind. Wie ist es denn mit Malzkaffee oder Muckefuck, schmeckt Löwenzahn-Kaffee so ähnlich?

Die Geschmacksrichtung ist schon ähnlich. Und aus der Zichorie oder Wegwarte könnte ich auch Kaffee herstellen wie aus Löwenzahn. Die Wegwarte ist bei uns allerdings fast selten geworden, und deshalb verwende ich sie natürlich nicht, sondern lasse die „Blaue Blume“ stehen und greife dafür auf die „Gelbe Blume“ zurück. Löwenzahn wächst überall, und selbst wenn ich ein paar Wurzeln ausgrabe, der Löwenzahn kommt wieder.

Jetzt duftet schon die ganze Küche nach Kaffeerösterei. Ich glaube, jetzt ist alles fertig.

Nun, vor dem Trinken steht das Mahlen.

Wir mahlen die „Löwenzahnbohnen“ in meiner alten Kaffeemühle mit schöner Handkurbel, und wenn das Wasser sprudelnd kocht, brühe ich einen Teelöffel pro Tasse auf. Natürlich gehts auch mit elektrischer Mühle und mit Kaffeemaschine.

Und wie Löwenzahn-Kaffee schmeckt, das werden wir nicht verraten, das müßte jeder schon selbst ausprobieren.

Wo finde ich Löwenzahn?

- überall, wo ein Stückchen freie Erde zu finden ist. Kaum eine Pflanze besiedelt so viele verschiedene und ausgefallene Standorte, sehr zum Leidwesen von nicht umweltbewußten Gärtnerinnen und Gärtnern.

- vorzugsweise auf Wiesen, Grasplätzen und natürlich im Garten. Er ist äußerst wüchsig, wenn sein Lebensraum überreichlich mit Stickstoffdünger versorgt wurde. Seine großen Blattrosetten nehmen Nachbarpflanzen Licht und Nährstoffe, so daß alsbald die Wiese aus-schließlich von Löwenzahn besiedelt wird.

- in einem ausgewogenen Wiesen-Biotop in Gesellschaft mit Schafgarbe, Sauerampfer, Spitzwegerich, Wiesenpippau und vielen anderen typischen Wiesenpflanzen.

Womit kann ich Löwenzahn verwechseln:

- im Blattstadium mit dem ungiftigen Wiesenpippau

Historisches

Wenn auch schon in der Antike der Löwenzahn verbreitet gewesen sein muß, so hatte diese auffällig gelb blühende Pflanze wenig Bedeutung. Offensichtlich unterschied man sie nicht von anderen gelben Vertreterinnen der gleichen Familie wie z.B. den Habichtskräutern. Ob sie der germanischen Liebesgöttin Freya heilig war, ist nicht gesichert überliefert. Sogar Hildegard von Bingen erwähnt den Löwenzahn nicht. Erst im 16. Jahrhundert wird Löwenzahn botanisch interessant, auch wenn Hieronymus Bock immer noch davon träumt, daß sich der gelbe Löwenzahn in die Wegwarte, die blaue Blume verwandeln möge: „... und verwandelt sich das Kraut nicht in Wegwart, wie etliche träumen“. Seither

Merke:

- die Blätter von Wiesenpippau sind auf der Oberseite meist borstig behaart, die Mittelrippe der Blattunterseite ist immer behaart

- die Blätter von Löwenzahn, auch wenn die Zähnung sehr unterschiedlich ist, sind selten oder nie behaart

hat die Kuhblume wohl ihren Siegeszug nicht nur in der Heilkräuterkunde, sondern auch auf Wiesen und in Gärten bedingt durch überreichliche Versorgung des Bodens mit Dünger angetreten.

Geputzte Löwenzahnwurzeln

Frühlings-Tip: Frühlingskur-Mix

1 Handvoll junge Löwenzahnblätter
1 Orange
1 Apfel
1/8 l Buttermilch oder Kefir
1 Teelöffel Blütenpollen
Honig nach Bedarf

Löwenzahnblätter waschen und in Streifen schneiden, Orange auspressen, den ungeschälten Apfel vierteln und das Kerngehäuse entfernen, mit den übrigen Zutaten in ein hohes Gefäß geben und mit einem Zauberstab oder Mixer pürieren. Je nach persönlichem Geschmack mit etwas Honig süßen und zusätzlich Orangensaft oder Buttermilch zufügen. Trinkt man eine Woche lang täglich ein Glas, eventuell auch als eine volle Mahlzeit, so sollte man fit in die Frühlingssaison starten können.

Tip: Löwenzahnblätter bleiben bis zu einer Woche frisch, wenn sie in einem geschlossenen, kleinen Topf im Kühlschrank aufbewahrt werden.

Naturgarten Tip

Keine andere Pflanze wird von Gartenbesitzern, weniger von Gartenbesitzerinnen, so geschmäht und verachtet wie Löwenzahn. Die ganze „Tragik" einer Löwenzahnwiese hat Reiner Kunze in seinem Büchlein „Der Dichter und die Löwenzahnwiese" ausgeführt. Welches die psychologischen Hintergründe für die Abneigung gegenüber dieser sonnigen Blume auch sein mögen, auf einer Wiese im Naturgarten darf sie nicht fehlen. Sie siedelt sich dort von ganz alleine an und wächst in Gemeinschaft mit anderen Wiesenpflanzen.

Löwenzahn ist eine hervorragende Bienenweide. Löwenzahnhonig hat ein eigenwilliges, leicht bitteres Aroma.

Extras

Löwenzahn ist nicht giftig, und Kinder können ohne Bedenken Ketten und Kränzchen daraus binden. Leider hinterläßt die weiße Milch nachhaltige schwarze Flecken auf Haut und Kleidung. Vielleicht warnten deshalb Eltern ihre Kinder, diese „giftige" Pflanze nicht anzufassen, damit das Sonntagskleid oder Hemd nicht dauerhaft verschmutzt wurde.

Nur wenn Kinder nicht allergisch auf Löwenzahn reagieren, können sie die Blütenkörbchen als Puderquasten verwenden und sich gelb einpudern. Besonders lustig sind auch Flöten, die man aus den Blütenstengeln herstellen kann. Schlitzt man nämlich ein Stengelstück an einem Ende ein kurzes Stück ein, nimmt es zwischen die Lippen und pustet hinein, so entlockt man den Stengeln je nach Länge die urtümlichsten Töne.

Blühender Löwenzahn

Inhaltsstoffe

Blätter:	Bitterstoff (Taraxin) Xanthophyll Kalium, Calcium, Mangan, Natrium, Schwefel, Kieselsäure Vitamin D, C, B
Wurzel:	Inulin Bitterstoff (Taraxin) Cholin Gerbstoffe, Phlobaphene
Blüten:	Xanthophyll, Vitamine, Mineralstoffe (Pollen)

Verwendung:

Wurzeln (Frühjahr, Herbst), Blätter (Februar bis Mai) und Blüten zu Salaten, Gemüse, Mixed Pickles, Getränken, Gelees, Likören, Heiltees, eßbare Dekoration, besonders für Süßspeisen

Blätter

Frühlingskur-Mix, S. 71
Frühlingssalat, S. 130
Gedünstetes Wildgemüse, S. 130
Löwenzahnsalat mit Eiern, S. 132

Blütenknospen

Löwenzahnkapern, S. 133
Löwenzahn-Knospen-Auflauf, S. 128
Mixed Pickles, S. 134
Tapenade, S. 135

Blüten

Blumenstraußsalat, S. 130
Fruchtsalat mit Löwenzahnblüten, S. 118
Gelee aus duftenden Blättern und Blüten, S. 120
Löwenzahnblüten-Magenbitter, S. 121
Löwenzahnsirup „Honig“, S. 121
Orangencreme mit Löwenzahnblüten, S. 119

Wurzeln

Eingelegte Löwenzahnwurzeln, S. 133
Löwenzahn-Kaffee, S. 121
Löwenzahnwurzel-Korn, S. 121

Sammeln und aufbewahren:

Blätter, Blütenknospen und Wurzeln werden möglichst am Vormittag gesammelt, damit sie schön saftig sind. Blüten mit grünem Körbchen pflückt man an sonnigen Tagen, denn sonst sind die Blütenkörbe geschlossen. Die Randblüten können voll erblüht sein, in der Mitte des Körbchens dagegen sollten die Blüten noch geschlossen sein, was meist wie ein Stempel aussieht. Blätter und Blüten werden frisch verwertet, Knospen lassen sich nach kurzem Blanchieren (1,5 min.) einfrieren und Wurzeln kann man für Kaffee und Tee trocknen.

Roter Holunder

Sambucus racemosa
(Caprifoliaceae, Geißblattgewächse),
Traubenholunder, Hirschholunder,
Bergholunder,
Red berried Elder (Engl.),
Sureau rameux (Franz.)

Spanien in der Eifel

Holunderpunsch aus der Eifel ist wie Sangria aus Spanien.

Wie meinen Sie das?

Das ist eine echte Alternative. Natürlich trinke ich Sangria auch sehr gerne, aber wenn ich wählen kann, dann bevorzuge ich Holunderpunsch. Er ist würzig und, wenn es draußen kalt ist, wärmt er so richtig von innen auf. Außerdem ist er ja auch sehr gesund durch den hohen Vitamin C-Gehalt.

Aber wenn der Saft erhitzt wird, geht doch sicher sehr viel Vitamin verloren?

Das läßt sich nicht ganz verhindern, denn frischer Saft ist leider unbekömmlich. Aber es bleibt noch genügend wirksames Vitamin C im Saft enthalten, denn der Gehalt in den Früchten ist sehr hoch. Außerdem versuche ich, den Saft wirklich nur kurz zu erhitzen oder – das ist auch eine Möglichkeit – ihn kalt zu trinken.

Also nicht nur etwas für kühle Herbsttage?

Holunderpunsch eisgekühlt ist ein Erfrischungsgetränk an heißen Tagen und hilft dann gegen Sommergrippe.

Jetzt erstmal der Reihe nach. Hier steht ein Korb mit Holunderbeeren, allerdings sind sie rot und nicht schwarz. Ist der Holunder noch nicht reif?

Hier habe ich Roten oder Traubenholunder gesammelt, der sich genauso wie Schwarzer Holunder verwerten läßt und auch die gleichen Eigenschaften hat. Das Aroma ist allerdings viele milder als das von Schwarzem Holunder.

Die roten Früchte sehen aber ziemlich giftig aus.

Nun ja, Holunder, ob schwarz oder rot, sollte man nicht roh essen, denn sie verursachen ganz entsetzliche Magen- und Darmbeschwerden. Also möglichst auch keine Beeren direkt vom Baum essen.

Entsetzlich, das klingt schlimm. Wie muß der Holunder denn behandelt werden, damit ich ihn ohne Reue genießen kann?

Keine Sorge, durch Erhitzen der Früchte geht diese Wirkung verloren. Beim Roten Holunder dürfen auch die kleinen gelben Kernchen nicht mitverwertet werden. Also immer nur Saft aus den roten Früchten kochen. Beim Schwarzen Holunder sind auch die Kernchen kein Problem.

Das beruhigt mich aber, denn ich möchte den Punsch doch unbeschadet kosten. Wie geht`s nun weiter?

Wie gesagt, es ist nur eine Frage des Aromas, ob ich Roten oder Schwarzen Holunder sammle, die Zubereitung ist für beide gleich. Ich pflücke nur gut durchgereifte Dolden, die möglichst keine grünen Beeren mehr haben, wasche alles gründlich in einer Schüssel und schöpfe Blätter und grüne Beeren mit einem Sieb ab.

Wenn alles gut abgetropft ist, fasse ich eine Dolde am Stengel an und schneide mit einer Schere quer zu den Früchten die groben Stengel ab. In einem Topf zerquetsche ich die Früchte, koche sie kurz auf und gieße den Saft durch ein Tuch ab.

Ist die Arbeit mit einem Dampfentsafter nicht viel einfacher?

Da haben sie recht. Wenn ich größere Mengen Früchte geerntet habe, dann nehme ich auch einen Dampfentsafter und fülle den heißen Saft gleich in Twist-off-Flaschen ab. Übrigens muß beim Entsaften kein Zucker zugesetzt werden. Der Saft ist auch ohne Zucker mehrere Jahre haltbar.

Was läßt sich alles mit dem Saft zubereiten?

Hier habe ich zum Beispiel Gelee gekocht, und hier steht eine Schüssel mit herrlich rotem Dessert, und hier habe ich noch etwas ganz Besonderes: Wein aus Rotem Holunder, sozusagen einen Holunder-Rosé.

Es lohnt sich wohl, Saft auf Vorrat herzustellen. Aber wie entsteht jetzt aus dem Saft der Punsch?

Dazu brauche ich noch Apfelsaft, eine Stange Zimt und zwei bis drei Gewürznelken. Ich mische den Holundersaft mit Apfelsaft zu gleichen Teilen, gebe die typischen Glühweingewürze zu und erwärme alles zusammen, bis es schön heiß ist. Ein wenig Honig zum Süßen kann auch nicht schaden. Ja, und dann genießt man den Punsch, und man fühlt sich alsbald wohlig und warm.

Wie erkenne ich Roten Holunder?

- **im Winter an der stets etwas rötlich gefärbten Rinde**
- **an dem eiförmigen Blütenstand im Gegensatz zu dem tellerförmigen des Schwarzen Holunders**
- **an der Blütezeit, die bereits Anfang April ist. Schwarzer Holunder blüht erst im Mai.**
- **an dem dunklen, rostroten Mark, das man erkennt, wenn ein Ästchen durchgeschnitten wird. Schwarzer Holunder hat rein weißes Mark**
- **an den Früchten, die tomatenrot und nie schwarz sind und bereits Ende Juli reif werden**
- **an den orangefarbenen Steinchen in den roten Früchten**

Wo finde ich Roten Holunder?

- fast immer im Unterwuchs an Waldrändern
- auf Waldlichtungen und Kahlschlägen
- gelegentlich in ausgedehnten, offenen Hecken
- im Bergland häufiger als im Flachland
- nie an alten Bauernhäusern wie Schwarzen Holunder

Womit kann ich Roten Holunder verwechseln:

- mit Schwarzem Holunder

Früchte von Rotem Holunder

Blüte von Rotem Holunder

Historisches

Viele Geschichten und Legenden ranken sich um Schwarzen Holunder, dagegen hat der Traubenholunder mit seinen knallig roten Früchten ein Schattendasein geführt. Er ist kein Zauberbaum, und Feen und gute Geister führen kein geheimnisvolles Leben in seinen Zweigen. Vielleicht liegt die Ursache darin, daß der Rote Holunder, der nie so üppig gedeiht wie sein größerer Verwandter, ein Strauch vornehmlich des Berglandes (daher der Name Bergholunder) war und nie Siedlungen begleitet hat. Denkbar ist auch, daß man ihn früher nicht von Schwarzem Holunder unterschieden hat, zumindest in den Gegenden, wo beide vorkommen. Hieronymus Bock beschreibt 1577 die Folgen einer Verwechslung von Rotem und Schwarzem Holunder:

„Es haben etliche Kinder auß unverstand und vileicht von hunger, der beeren zu vil gessen, also das unter dreien Kindern zwey gar und zumal entschlaffen seind".

Man wußte also auch um die Giftigkeit von rohen Holunderbeeren, gleich ob es schwarze oder rote waren. Heute weiß man, daß vor allen Dingen die orangefarbenen Samen Harze enthalten, die Brechdurchfall hervorrufen. Nur wenig ist bekannt, daß das Gift beim Erhitzen zerstört wird und der Saft aus den Früchten ebenso zu verwenden ist wie der des schwarzen Holunders. Die Steinchen der Früchte sollten aber auf jeden Fall abgeseiht werden. Roter Holunder ist im süddeutschen Raum verbreiteter als im norddeutschen, und dementsprechend ist Saft aus Rotem Holunder zum Beispiel in Bayern bekannt, während die Kinder in Norddeutschland vor dem giftigen Strauch gewarnt werden.

Aus dieser Polarität ergab sich folgende Geschichte. Eine Gruppe von Wandersleuten ließ sich die Bäume und Sträucher am Waldesrand erklären. Die Naturkundlerin zeigte auf schwarzen Holunder und erzählte von vielen schmackhaften Rezepten aus Holunderfrüchten. Direkt daneben wuchs der etwas kleinere, rote Holunder, dessen Giftigkeit betont und dessen abscheuliche Wirkung auf den menschlichen Magen-Darmtrakt vehement geschildert wurde. Die Ausführungen waren just beendet, als eine Stimme aus der Gruppe kam. „Roten Holunder, den Saft trinke ich doch seit meiner Kindheit". Es versteht sich, daß die Naturkundlerin alsbald in die Küche ging, um roten Holundersaft zu kochen, zu trinken und viele Rezepte für diesen vorzüglichen Saft zu entwickeln.

Naturgarten Tip

Es ist nicht überliefert, ob Roter Holunder jemals wie schwarzer an Häuser gepflanzt wurde. Die Erfahrung zeigt jedoch, daß er im Garten prächtig gedeiht und mit seinen knallig roten Früchten sehr dekorativ ist. Er wächst neben dem Kompost genauso gut wie auch in der Naturhecke. Die Blüten sind unscheinbar und duften kaum, dafür sind die Früchte um so auffälliger. Die Beeren sind eine willkommene Nahrung für Singvögel. Besonders Rotkehlchen und Grasmücken werden angelockt und futtern so emsig, daß man sich schnell entscheiden muß, wenn man selbst noch etwas ernten möchte.

Roter Holunder läßt sich wie Schwarzer aus Reisern und Samen ziehen oder in Landschaftsgärtnereien kaufen.

Extras

Wenn die vielen kleinen und roten Früchte abgefallen sind, läßt sich der Fruchtstand genau erkennen. Je nach Phantasie wird das trockene Gerippe mit einem Gewirr von Hirschgeweihen oder etwas nüchterner mit dem der Weintrauben verglichen. Beide Namen sind durchaus zutreffend. Weil die Fruchtstände so bizarr aussehen, kann man sie auch als ausgefallene Dekoration in die Vase (ohne Wasser) stellen.

Auf der Oberfläche des hellroten Saftes setzt sich nach einiger Zeit eine gelbe Flüssigkeit ab, die recht zäh ist und an der Glaswand der Flaschen haftet. Es ist ein Öl, das für Speisen zu verwenden ist. Im Gegensatz zu Schwarzem Holunder enthalten die Samen des Roten bis zu 35% Öl, das durch Karotin gelb gefärbt ist. Es erfordert allerdings eine ziemlich große Ernte, um dieses Öl aus den kleinen Kernchen zu gewinnen.

Inhaltsstoffe

Vitamin C
Vitamin A
Öle
Harze (besonders in den Samen)

Verwendung:

Früchte von Rotem Holunder und Schwarzem Holunder zu Getränken, Gelee, Süßspeisen, Wein

Gelee aus duftenden Blättern und Blüten, S. 120
Holunder-Flammeri, S. 118
Holundergelee, S. 120
Holunderpunsch, S. 122
Holundersaft, S. 123
Holunder-Sorbet, S. 118
Herbst-Torte, S. 116
Schwarzer-Holunder-Likör (nur Schwarzer Holunder), S. 120
Wildfrüchte-Dessert „Tiramisu" (nur Schwarzer Holunder), S. 119

Nur Saft abgekochter Früchte verwenden!

Sammeln und aufbewahren:

Roter Holunder reift ab Ende Juli bis Ende August, während Schwarzer erst ab September bis Oktober je nach Lage geerntet wird. Die Trauben des Roten Holunders werden gewaschen und ohne die Stengel zu entfernen heiß entsaftet. Von den Dolden des schwarzen Holunders werden die groben Stengel mit der Schere abgeschnitten und ebenfalls heiß entsaftet. Der heiß in Twist-off-Gläser abgefüllte Saft ohne Zuckerzusatz hält sich mehrere Jahre. Zuckerzusatz beim Entsaften ist nicht nötig. Natürlich lassen sich die Früchte – befreit von Stengeln – auch sehr gut einfrieren.

Schwarzer Holunder

Sambucus nigra (Caprifoliaceae,
Geißblattgewächse),
Holler, Hollerbusch, Flieder,
Elder (Engl.), Sureau noir (Franz.)

Backe, backe Hollerkuchen

Meine viel zitierte Großmutter pflegte zu sagen: „Wenn der Holunder blüht, dann kommt der Sommer!" Und so verbinde ich die schönen cremeweißen, manchmal auch etwas rosa eingefärbten Blüten des Holunders mit warmen Temperaturen, mit Festen im Freien und Picknick im Grünen. Wenn man noch dazu weiß, wie vielfältig man Holunder nutzen kann, dann wird der Strauch natürlich doppelt interessant. Ausgerüstet mit Korb und Schere gehen wir zum nächsten Holunderstrauch, denn Hollerküchlein sollen zubereitet werden.

In meinem Garten steht der Holunder in voller Blüte. An einem so sonnigen Tag wie heute haben die Blüten besonders viel Aroma, und der Duft strömt bis ins Haus hinein.

Werden die Blütendolden mit den Stengeln abgeschnitten?

Die Stengel brauchen nicht allzu lang zu sein, aber doch so lang, daß sich die Dolden später gut in den Teig tauchen lassen.

Hollerküchlein, was ist das eigentlich?

Genaugenommen sind es Holunderblüten in Bierteig, die in Fett ausgebacken werden. Die Zubereitung ist denkbar einfach. Also: Verrühren Sie Mehl, Ei, etwas Salz und Bier. Der Teig muß schön glatt sein und weder zu dünn noch zu dick. Wenn ich jetzt eine Blütendolde hindurchziehe, muß reichlich Teig daran hängenbleiben. Dabei halte ich die Dolde am Stengel fest, lasse noch ein wenig abtropfen und dann hinein ins heiße Fett in der Pfanne. Ist der Teig etwas gebräunt, schneide ich den Stengel so weit wie möglich ab, denn er schmeckt nicht besonders gut. Jetzt noch einmal wenden, damit alles schön goldgelb gebacken ist – und schon ist das Hollerküchlein fertig.

Und gibt`s etwas dazu? Zucker oder Honig?

Nun ja, etwas Süßes wäre nicht schlecht. Aber nicht gerade Zucker, wie viele über Pfannkuchen streuen. Ich nehme am liebsten Holunderblütengelee oder Löwenzahnhonig. Wenn ich aber eine ganz besondere Delikatesse anrichten möchte, dann beträufele ich die Hollerküchlein mit Likör, zum Beispiel mit selbstgemachten Tannenspitzenlikör.

Was kann man denn noch mit den duftenden Blüten anfangen?

Holunderblütengelee habe ich ja schon erwähnt. Außerdem eignen sich die Blüten für erfrischende Sommergetränke wie Holunderblütenlimonade und -wein. Aber am interessantesten von allen Getränken schmeckt Holundersekt.

Und Holundersekt ist einfach herzustellen?

Sogar Kindern gelingt er, und sie dürfen ihn auch trinken, denn der Alkoholgehalt ist sehr gering. Man braucht fünf Liter Wasser, ein Achtel Obstessig, ein Glas Honig, den Saft von fünf Zitronen und einen großen Steinguttopf, in den alles hineingekippt wird. Wenn das Wasser sehr stark gechlort ist, muß es abgekocht werden, um das Chlor auszutreiben. In dem noch warmen Wasser löst sich der Honig dann sehr gut auf. In die Flüssigkeit drücke ich 10 – 15 große Blütendolden, von denen ich die Stengel wieder abgeschnitten habe. Ganz oben drauf lege ich Zitronenscheiben, die die Blüten im Wasser halten. Zum Schluß ein Küchentuch darüberdecken, damit keine Insekten hineinfliegen, und den Topf schön warm stellen. Je nach Wärme beginnt der Ansatz zwischen drei und fünf Tagen zu gären. An den Blüten sitzen nämlich Fruchthefen, die den Zucker zu Alkohol umsetzen. Dabei entsteht auch Kohlensäure, die als Blubberbläschen den Ansatz zum Schäumen bringen.

Bildet sich denn auf den Blüten kein Schimmel, so schön warm und süß wie der Ansatz ist?

Das kann passieren, wenn die Blüten aus dem sauren Wasser herausgucken. Es ist deshalb ganz wichtig, daß in den ersten Tagen, bevor sich Schaum bildet, die Blüten mit einem Holzlöffel immer wieder in die essighaltige Flüssigkeit gedrückt werden. Wenn es kräftig schäumt, dann kann probiert und getrunken werden. Will man den „Sekt" aufbewahren, dann muß er nach 3 Tagen in Sektflaschen gefüllt werden, die verkorkt und verdrahtet sein müssen.

Damit einem der Sekt samt Flasche nicht um die Ohren fliegt?

Ja, das stimmt. Die Hefen arbeiten in der Flasche weiter und produzieren eifrig Gas. Kein Wunder, daß der Druck in den Flaschen steigt. Sprudelflaschen reichen nicht aus – die platzen garantiert. Ehrlich gesagt, ich kann nicht empfehlen, eine Holundersekt-Kellerei im eigenen Hause zu beginnen. Trinken wir den aromatischen Sekt doch lieber gleich an einem schönen Sommertag.

Sekt, Gelee und Essig von Schwarzen Holunder

Alkohol ist aber auf jeden Fall in dem Getränk. Geht es denn auch ohne?

Natürlich. Dann nenne ich es Limonade oder Bowle. Die Blüten werden mit Wasser aufgekocht oder über Nacht in Apfelsaft gelegt. Zitronensaft zugeben, Honig oder Zucker nach Bedarf und Mineralwasser. Fertig ist die erfrischende Limonade für heiße Tage.

Wie erkenne ich Schwarzen Holunder?

- **wenn er blüht an den tellerförmigen cremefarbenen Blütendolden**
- **an dem eigenwilligen Duft der Blüten**
- **an dem herben Geruch der zerriebenen Blätter**
- **im Herbst an den schwarz-blauen Früchten**
- **im Winter an der grauen Rinde, die mit zahlreichen weißlichen Pusteln besetzt ist**
- **an den gegenständigen, dicken Blattknospen, die gelegentlich schon im Februar ein wenig austreiben**

Wo finde ich Schwarzen Holunder?

- auf frischen, nährstoffreichen Böden
- an sonnigen Böschungen
- an Waldrändern und Hecken
- auf Schuttplätzen und an Bahndämmen
- an alten Bauernhäusern

Womit kann ich Schwarzen Holunder verwechseln:

- mit Rotem oder Traubenholunder, dessen Früchte wie Schwarzer Holunder verwertet werden
- mit Attich (Sambucus ebulus), der giftig ist

Merke:

- Roter Holunder blüht unscheinbar bereits im April. Seine grünlich-gelben Blüten sind traubenförmig angeordnet, und die Früchte sind rot. Das Mark der Äste ist dunkel gefärbt, das von Schwarzem Holunder rein weiß.

- Attich wächst eher wie eine Staude, aber nie wie ein Baum. Er wird höchstens 0,5 – 1,5 m hoch. Er ist seltener als Schwarzer Holunder und bevorzugt wärmere Regionen. Die auffällig großen Blütendolden und Früchte stehen aufrecht im Gegensatz zu Schwarzem Holunder, dessen Blütenteller immer herabhängen. Der Geruch der gesamten Attichpflanze ist sehr unangenehm bis widerlich.

Blütendolde

Historisches

Viele Geschichten, Märchen und Lieder ranken sich um Schwarzen Holunder. Eine Göttin mit Namen Holda oder Holle gab ihm den Namen. Sie wohnte im Holunder und beschützte und beschenkte die Menschen. Ein kräftiger Holunderstrauch wuchs stets an einem Bauernhaus, um die Bewohner vor Krankheit und Leid zu bewahren. Zu Ehren der Göttin wurden unter dem Hollerbaum Opfer dargebracht. Mit der Christianisierung verlor sich nicht nur dieser Brauch, sondern er wurde ausdrücklich verboten. Die Wohltaten der Baumgöttin leben aber noch in Grimms Märchen von Frau Holle weiter, die als gütige Frau die Menschen, Pflanzen und Tiere beschützt und belohnt, wenn sie ihren Gesetzen folgen. Schwarzer Holunder wurde auch als Symbol für Fruchtbarkeit verehrt. Ob wohl der alte Abzählreim der Kinder etwas mit dieser Verehrung zu tun hat?

Ringel, Ringel, Reihe,
wir sind der Kinder dreie,
wir sitzen unter`m Hollerbusch,
und machen alle husch, husch, husch.

Wenn auch der Holunder mit der Christianisierung seine mythische Bedeutung offiziell verloren hatte, so scheuten sich die Menschen dennoch

Naturgarten Tip

Schwarzer Holunder eignet sich hervorragend als Solitär-Strauch, der an einem sonnigen Platz eine Kaskade von duftenden Blütentellern hervorbringt. Besonders üppig gedeiht er in der Nähe des Kompost, wo der Boden feucht und nährstoffreich ist. Er bietet dann auch gleichzeitig den nötigen Schattenplatz für Giersch, Gundermann und Knoblauchsrauke. Aber auch als Heckenstrauch ist Holunder geeignet, wenn er auch nicht allzu dicht wächst. Holunder läßt sich sehr gut ausschneiden, treibt jährlich lange Triebe, die im darauffolgenden Jahr bereits Blüten tragen.

Holunder entwickelt sich mühelos und schnell aus den Samen, er kann aber auch durch Reiser, die man in die Erde steckt, vermehrt werden

Die reifen Früchte des Schwarzen Holunders bieten Singvögeln reichlich Nahrung. Neben Schwarzdrosseln begeistern sich auch Mönchsgrasmücke, Gartengrasmücke und Rotkehlchen für die schwarzen Beeren, mit denen sie häufig die Jungen der zweiten Brut füttern und damit auch die Samen verbreiten.

Holunderblüten strömen einen Duftstoff aus, der eine Attraktion für Fliegen und Käfer ist, die die Blüten bestäuben. Holunder ist also keine Bienenweide.

bis ins 17. Jahrhundert, einen Holunderbaum zu fällen, denn es sollte Unglück bringen. Für Leonhard Fuchs, den berühmten Kräuterarzt des 16. Jahrhunderts, hat der Name Holunder oder Holder schon nichts mehr mit der Göttin Holda zu tun, sondern vielmehr mit dem Begrifft „holder", was hohl bedeutet. Der Name soll nach Fuchs auf die im Alter hohlen Äste hinweisen. Schon im Altertum waren die heilenden Kräfte des Holunders bekannt. In Steinzeitgräbern fand man Holunderbeeren als Grabbeigaben, und auch Griechen und Römern war der Holunder als Heilpflanze bekannt. „Fliedertee" ist noch heute eines der bekanntesten Volksheilmittel, das als schweißtreibender Tee gegen Fieber und Erkältungskrankheiten eingesetzt wird.

Extras

Legt man schichtweise Holunderblätter in einem verschlossenen Karton zwischen Äpfel, so halten diese länger frisch.

Frische Zweige hängte man früher in Ställe und Küche oder über Milcheimer, um Fliegen zu vertreiben, oder benutzte den frischen Saft als Einreibmittel gegen Mücken. Eine lohnenswerte Anregung für das Leben auf dem Lande!

Holunderblüten sind ein altes Schönheitsmittel, aus denen sich ein besonders mildes Gesichtswasser zubereiten läßt:

2 Teelöffel getrocknete oder 2 Eßlöffel frische Blüten werden mit 1/4 Liter kochendem Wasser überbrüht und 7 min. stehen gelassen. Nach dem Abseihen vermischt man den Tee zu gleichen Teilen mit Rosenwasser und gibt je 100 ml einen Teelöffel Obstessig dazu.

Blütenöl eignet sich für die Herstellung eines Bade- und Massageöls, das die Haut glättet und geschmeidig macht. Dazu nimmt man die gleiche Menge Blüten wie bei Gesichtswasser, gibt sie in Mandel- oder Sonnenblumenöl und erwärmt auf etwa 80 Grad. Danach läßt man abkühlen und gießt das Öl durch ein Sieb. Zu 90 ml Öl werden 10 ml eines Emulgators, z.B. Mulsifan (Spinnrad), gegeben und mit 10 Tropfen eines ätherischen Öles wie Blutorange versetzt. Gut durchmischen und 2 – 3 Eßlöffel in ein Vollbad geben.

Inhaltsstoffe

Blüten	**Früchte**
Ätherisches Öl Flavonoide	Vitamin C organische Säuren
Pflanzenschleime Gerbstoffe	Sambunicin Sambunigrin

Verwendung:

Blüten und Früchte zu
Soßen, Getränken, Süßspeisen, Essig, Wein, Likör

Blüte

Blütencreme, S. 117
Blüten-Mousse, S. 117
Blüten-Sorbet, S. 118
Hollerküchlein, S. 118
Holunderblütenbowle, S. 123
Holunderblütenessig, S. 119
Holunderblütenlimonade, S. 123
Holundersekt, S. 123
Kräuteressig, S. 120
Kräuterlikör, S. 120

Früchte

Herbst-Torte, S. 116
Holunder-Flammeri, S. 118
Holunderpunsch, S. 122
Holundersaft, S. 123
Schwarzer-Holunder-Likör, S. 120
Wildfrüchte-Dessert "Tiramisu", S. 119

Wichtig: Ungekochte Blätter und Früchte sind ungenießbar. Sie verursachen Brechdurchfall durch ein Blausäure abspaltendes Glycosid (Sambunigrin).
Nur abgekochte Früchte verwenden!

Sammeln und aufbewahren:

Blüten werden am besten in der Mittagszeit an einem sonnigen Tag gesammelt. Sie sollten bald verwertet werden, denn sie fallen leicht zusammen. Möchte man sie für Tee aufbewahren, so werden die Blütendolden zum Beispiel auf einem Obsthürtchen ausgelegt, nachdem man die dicken Stengel mit der Schere abgeschnitten hat. Das Brett wird mit einem Tuch abgedeckt und an einen warmen und trockenen Platz gestellt. Die trockenen Blüten halten sich in einem verschlossenen Glas oder Beutel. Früchte entsaftet man sehr einfach mit dem Dampfentsafter oder kocht sie auf und filtert sie durch ein Tuch. Sehr heiß wird der Saft in Twist-off-Flaschen gefüllt, in denen er mindestens zwei Jahre haltbar ist. Vor dem Entsaften werden die dicken Stengel der Dolden mit der Schere abgeschnitten.

Für die Zubereitung von Holundermus müssen die Früchte sorgfältig mit einer Gabel von den Stielchen gestreift werden. Die Früchte zerdrückt man dann im Topf und kocht sie ohne Wasserzugabe auf. Wenn die zahlreichen Kernchen im Mus stören, wird der Brei noch durch ein Sieb passiert.

Vogelmiere

Stellaria media (Caryophyllaceae, Nelkengewächse),
Hühnerdarm, Vogelkraut,
Vogelsternmiere, Alsine
Chickweed (Engl.), Mouron des oiseaux,
Stellaire (Franz.)

Blühende Vogelmiere

Mit dem Kanarienvogel auf Du und Du

Grüne Brötchen, das kann ich mir nicht vorstellen. Ich kenne Brötchen in allen möglichen Formen und Farben, gelbe, braune, dunkelbraune mit Käse, Speck und Zwiebeln. Aber grüne Brötchen? Wirklich, die habe ich noch nicht gesehen und erst recht nicht gegessen.

Sie werden erstaunt sein, wie grün unsere Partybrötchen werden und wie würzig sie schmecken. In den sehr einfachen Teig, der in wenigen Minuten zubereitet ist, können die verschiedensten Kräuter eingearbeitet werden. Und wenn ich nur Vogelmiere finde, dann werden es eben Vogelmierenbrötchen.

Welche Kräuter lassen sich noch zu grünen Brötchen verarbeiten?

Ich kann natürlich auch alle anderen Wildgemüse verwerten wie Brennesseln, Giersch, Knoblauchsrauke oder Wiesen-Bärenklau. Auch Beinwellbrötchen schmecken hervorragend. Selbst Wilder Majoran und Thymian und nicht zuletzt Gundermann geben den Brötchen ein interessantes Aroma. Der Phantasie sind fast keine Grenzen gesetzt, Kräuterbrötchen zu komponieren.

Jetzt bin ich aber neugierig, wie das gemacht wird.

Also zuerst den Teig. Dazu brauchen wir Weizenmehl, entweder Vollkornmehl, 1050 oder auch weißes, ganz wie man es gewöhnt ist. Allerdings schmecken die Brötchen mit hellem Mehl am besten. Durch die Zugabe von Vogelmiere wird der Teig ja ohnehin mit einer Menge verschiedenster Mineralstoffe wie Magnesium und Kalium angereichert, die dem hellen Mehl fehlen. Jetzt nehme ich noch Buttermilch dazu, denn die gibt den Brötchen einen feinen säuerlichen Geschmack.

Ich habe inzwischen die Vogelmiere gewaschen. Sollen jetzt all die kleinen weißen Blüten und die langen grünen Fäden wirklich mitverarbeitet werden?

Vogelmiere als Zierpflanze

Das ist in der Tat so. Vogelmiere blüht eigentlich immer, und die langen Fäden mit den vielen kleinen Blättchen sind immer saftig. Die braunen Endstücke schneide ich natürlich ab, und das grüne Kraut hacke ich sehr fein und püriere es in der Buttermilch.

Kaum zu glauben, aber die Milch ist tatsächlich grün geworden.

Diesen grünen Brei verknete ich mit den übrigen Zutaten, bis es ein geschmeidiger Teig wird. Eventuell muß ich noch etwas Mehl nachgeben, denn die Kräuter enthalten ja sehr viel eigene Flüssigkeit, die ich nicht abschätzen kann. Und jetzt formen wir kleine Partybrötchen aus dem Teig, die als Beilage zum Beispiel zu Suppen oder auch als Vorspeise zusammen mit Vogelmiere-Meerrettich-Sahne geeignet sind.

Aber erst müssen sie noch gebacken werden.

Ja, wir legen sie jetzt auf das Backblech und backen sie etwa 20 Minuten bei 220 Grad. Die gesamte Zubereitung mit Backzeit dauert bestimmt nicht länger als 30 – 40 Minuten. Man kann also noch in der letzten Minute Brötchen für Gäste oder für sich selbst anfertigen.

Allerdings, die Vogelmiere muß man erst sammeln gehen.

Wie erkenne ich Vogelmiere?

- **an dem ausgebreiteten Wirrwarr von übereinanderwachsenden schlaffen Stengeln, die, wie der volkstümliche Name sagt, wie Gedärm aussehen und die sich von einer zentralen dünnen Hauptwurzel aus gleichmäßig in alle Richtungen ausdehnen**
- **an den kleinen weißen Blüten, die über das ganze Jahr vorhanden sind**
- **an den auch bei trockenem Wetter immer feuchten und knackigen Blättern und Stengeln**
- **an den langen Fäden, die man beim vorsichtigen Zerreißen der Stengel aus ihnen hervorziehen kann**
- **an der feinen Haarleiste an den Stengeln, die man bei genauerem Hinsehen erkennt**
- **am Geschmack nach jungen Maiskolben**

Wo finde ich Vogelmiere?

- überall auf der Welt in der Nähe von Wohngebieten
- auf bearbeiteten aber unbewachsenen Böden, besonders dort, wo Kompost ausgebracht wurde
- besonders häufig in Weinbergen, Gemüseäckern und -gärten und auf Weideplätzen

Womit kann ich Vogelmiere verwechseln:

- mit Ackergauchheil, der die gleichen Standorte besiedeln kann, aber wesentlich kümmerlicher und eher vereinzelt wächst. Ackergauchheil ist eine Heilpflanze und wird nicht als Wildgemüse verwendet.

Historisches

Vogelmiere ist eine typische Begleitpflanze landwirtschaftlicher Aktivitäten. Möglicherweise ist sie während der Jungsteinzeit in Mitteleuropa eingewandert. In dieser Zeit begannen die Menschen, seßhaft zu werden und Acker- und Viehzucht zu betreiben. Vogelmiere bezeichnet man deshalb auch als Archäophyt, auf deutsch eine „alte Pflanze“.

Seit Hühner auf dem Hühnerhof spazieren, wird Vogelmiere als vitaminreiche Frischkost an sie verfüttert. Und seit Kanarienvögel in Käfigen ihre Zeit verbringen müssen, erfreut Vogelmiere ihr Dasein.

Selbst als Heilkraut wird es schon von Leonhard Fuchs Anfang des 16. Jahrhunderts empfohlen: „Das kleinvogelkraut ist nützlich denen so das fieber haben, so es in wasser gesotten würt und getruncken, deshalben es auch von ettlichen würt fieberkraut genennt“.

Merke:

- Ackergauchheil hat immer tomatenrote Blüten, auf Kalkboden auch azurblaue, jedoch nie weiße

Vogelmiere

Naturgarten Tip

Vogelmiere wächst und wächst und wächst ohne Rücksicht auf die Jahreszeit. Ihre stets feuchten Stengel und Blätter sind daher ein lebendes Mulchkraut für den Gemüsegarten, das den Boden feucht hält und besonders in den Wintermonaten freie Flächen vor Austrocknung schützt. In Hanglagen verhindert Vogelmiere sogar, daß kostbare Bodenkrume vom Regen ausgewaschen wird. Die Vitalität von Vogelmiere ist so groß, daß zusätzlich genügend Kraut als Wildgemüse geerntet werden kann.

Vogelmiere als Blumenkastenschmuck ist sicher ungewöhnlich, aber erstaunlich dekorativ. Die Pflanzen hängen ihre zarten, reichlich beblätterten Stengel über den Kastenrand und wachsen und wachsen bis fünfzig, sechzig Zentimeter Länge.

Extras

Vogelmiere ist nicht nur wegen des Geschmacks nach jungen Maiskolben ein delikates Wildgemüse, sondern auch wegen des hohen Mineralstoff- und Vitamingehaltes ein sehr wertvolles.
150 g Vogelmiere liefern den gesamten Tagesbedarf an Eisen, Kalium und Vitamin C. Zusätzlich liefert uns dieses „Unkraut" Magnesium, Calcium und Provitamin A.

	Tagesbedarf	150 g Vogelmiere
Eisen	10 mg	12,5 mg
Kalium	1000 mg	1020 mg
Calcium	800 mg	120 mg
Magnesium	300 mg	60 mg
Vitamin C	75 mg	170 mg
Provit. A	1mg	0,57 mg

Pfarrer Kneipp empfiehlt Vogelmiere als schleimlösendes Mittel bei Husten.

Setzt man Vogelmieren-Tee noch die gleiche Menge Spitzwegerich-Blätter zu, so ist er ein bewährtes Mittel bei Erkältungskrankheiten:

1 Teelöffel Vogelmierenkraut (getrocknet oder frisch) zusammen mit 1 Teelöffel Spitzwegerichblätter (getrocknet oder frisch) mit 1/4 l kochendem Wasser überbrühen, 7 min. ziehen lassen, abgießen und warm mit etwas Honig und Zitronensaft 2 x täglich trinken.

Inhaltsstoffe

Saponin
Mineralstoffe
Vitamine

Sammeln und aufbewahren:

Vogelmiere wird ausschließlich als frisches Kraut verwendet. Da man es das ganze Jahr über ernten kann, lohnt es sich nicht einzufrieren. Wie alle Wildgemüse hält es sich für ein paar Tage im Kühlschrank, wenn man es in einem verschlossenen Topf aufbewahrt. Wurzeln und die reichlich auch am Kraut anhaftende Erde werden sorgfältig entfernt und das gesamte Kraut mit Blüten geschnitten.

Verwendung:

Das gesamte Kraut während des ganzen Jahres zu
Salaten, Suppen, Brot, Brötchen, Brotaufstrich

Frühlingssalat, S. 130
Gedünstetes Wildgemüse, S. 130
Grüne Brötchen, S. 116
Kartoffelgratin, S. 127
Kräuter-Gurkensuppe (kalt), S. 133
Kräuter-Tomatensuppe, S. 128
Kräuter-Vollkornbrot, S. 116
Vogelmiere-Meerrettich-Sahne, S. 135
Wiesensuppe, S. 129

Wegerich

(Plantaginaceae, Wegerichgewächse), Schafzunge, Ribwort Plantain (Engl.), Plantain oder Oreille de Lievrel (Franz.)

Spitzwegerich

Plantago lanceolata

Breitwegerich

Plantago Major

Fünf Rippen in der Küche

In Ihrem Küchenregal stehen viele kleine Töpfchen und Gläser mit mir unbekanntem Inhalt. Grün, rötlich und braun sieht es aus. Welche Schätze haben Sie darin verborgen?

Jetzt im Herbst sammle ich Blütenknospen und Früchte zum Einlegen, um einen delikaten Wintervorrat zu schaffen. In diesen Gläschen ist eine besondere Delikatesse. Ich habe verschiedene Blüten, Stengel und Sämereien gesammelt und sie als Mixed Pickles und Tapenade eingelegt.

Interessante Namen, was verbirgt sich dahinter?

Ich ernte jetzt vor allen Dingen die Fruchtstände von Breitwegerich,aber ich finde auch noch nicht aufgeblühte Blütenstände von Spitzwegerich. Zusätzlich verwende ich Knospen von Löwenzahn, Gänseblümchen und Kapuzinerkresse aus dem Garten. Auch die Blattstengel von Wiesen-Bärenklau kann ich verwerten, die nach dem Mähen wieder gewachsen sind. Eine gemischte Ernte, die zu Mixed Pickels verwandelt wird. Übrigens, Wegerich ist ganz leicht an seinen fünf parallelen Rippen an der Unterseite zu erkennen.

Breitwegerichfruchtstände als Mixed Pickels – das klingt doch sehr ungewöhnlich. Eine kleine Kostprobe verspricht, das es die Mühe des Sammelns und Schnippelns wert ist.

Etwa 200 g müssen wir zusammentragen und dann schneiden wir die Fruchtstände von Breitwegerich und die Stengel von Wiesen-Bärenklau in 1 – 2 cm lange Stückchen. Die Knospen haben bereits die richtige Größe. Eine Zwiebel und mindestens 4 Knoblauchzehen werden nicht zu klein gehackt. In der Pfanne erhitze ich 2 – 3 Eßlöffel Olivenöl, dünste Zwiebel und Knoblauch darin an und schütte meine gesammelte Ernte dazu. Alles mehrfach wenden und dann mit einem Viertel Weißwein und 6 Eßlöffeln Weinessig aufgießen.

Es duftet schon ausgesprochen interessant, und die Farben der „Mixed Ernte" sind nicht weniger interessant. Die Löwenzahnknospen sind fast giftgrün geworden.

Keine Sorge, die Knospen sowie der Rest der Pflanze sind wirklich nicht giftig.

Alles köchelt eine Weile vor sich hin.

Fünf bis zehn Minuten reicht aus, bis alle Zutaten weich aber noch bißfest sind. Die heißen MIxed Pickles schöpfe ich ab und fülle sie in Twist-off-Gläser. Die restliche Flüssigkeit erhitze ich noch einmal, gieße sie kochend heiß darüber und verschließe die Gläser. Sie sind bis zur nächsten Erntezeit haltbar. Mit einem hübschen Stoff dekoriert stelle ich die Gläschen ins Regal und kann meine Ernte des Jahres täglich bewundern und natürlich auch kosten.

Es ist kaum zu fassen, was man alles aus Wildkräutern zubereiten kann. Kräuter, die überall am Wegesrand wachsen und von vielen als Unkraut vernichtet werden, weil sie gar nicht wissen, was für Delikatessen ihnen verloren gehen.

Spitzwegerichblüten

Wie erkenne ich Wegerich?

- **an den auffälligen fünf Längsrippen an der Unterseite der Blätter. In der Schweiz wird er deshalb Ripplikraut genannt**
- **Spitzwegerich an den langen, schmalen Blättern**
- **Breitwegerich an den breiten, bis handtellergroßen Blättern**

Wo finde ich Spitzwegerich und Breitwegerich?

- Spitzwegerich auf nicht überdüngten Wiesen, nicht aber auf Rasenflächen
- Breitwegerich an Wegrändern, aber nicht im hohen Gras und als Trittpflanze mitten auf dem Weg

Womit kann ich Spitzwegerich und Breitwegerich verwechseln:

- wenn man wirklich nicht genau hinschaut, mit Grasblättern
- mit dem Mittleren Wegerich, dessen Blätter behaart sind und der wie Breit- und Spitzwegerich verwendet werden kann

Historisches

Den lateinischen Namen Plantago kann man sich zusammengesetzt aus Planta (Fußsohle und Pflanze) und agere (bewegen) vorstellen. Die Pflanze ist in der Tat „in Bewegung“, denn sie kommt und geht mit dem Menschen. Die Samen bleiben an Schuhen, Tierhufen, ja sogar an Reifen hängen und werden so weltweit verbreitet. Die Form der Breitwegerichblätter mag entfernt an Fußstapfen erinnern. Bei Indianern wird Wegerich sehr bezeichnend „Fußstapfen der Bleichgesichter“ oder „Engländer-fuß“ genannt, denn sie glaubten, daß Wegerich nur da wachse, wo ein englischer Fuß die Erde berührt hatte. Vor der Besiedlung Nordamerikas durch die Engländer war diese Pflanze in der neuen Welt unbekannt.

Wegerich ist eine der ältesten Heilpflanzen, dessen Anwendungsgebiet sich bis heute nicht verändert hat. Dioscurides schreibt, daß schon das Auflegen der Blätter Wunden heilt und der Saft gegen „Geschwülste und Drüsen“ wirkt. Auch Shakespeare kannte offensichtlich die Heilkraft von Wegerich, denn er läßt Romeo im Gespräch mit Benvolio sagen: „ Ein Blatt vom Wegerich dient dazu vortrefflich“. „Wozu?“ „Für Dein zerbrochenes Bein“ (Romeo und Julia, 1. Akt). Wegerichsamen fand man auch in den Mägen von Moorleichen der Eisenzeit. Ob diese Menschen Wegerich als heilendes Kraut oder als Nahrungsmittel oder beides verzehrt haben, bleibt unbekannt. Im Mittelalter sah man in der Gestalt einer Pflanze ein übersinnliches Zeichen für ihre Anwendung. Die Form der Blätter oder Wurzeln gab also Auskunft darüber, für welche Krankheit oder auch welches Organ das Kraut Heilkräfte besaß. Rotblühende Kräuter wie zum Beispiel die rote Taubnessel wurden bei Roter Ruhr (Typhus), die weiße Taubnessel dagegen bei Weißfluß eingesetzt. Bei Spitz- und Breitwegerich war man sich einig, daß die schmalblättrige Art nur bei Männern, die breitblättrige nur bei Frauen ihre heilkräftige Wirkung entfalten könne.
Wie wertvoll Wegerich in der weißen Magie, der alten Heilkräuterkunde war, besagt eine Strophe aus einem alten angelsächsische Neunkräutersegen (übersetzt ins Deutsche 1889):

Und du, Wegerich, Mutter der Pflanzen, Offen nach Osten, mächtig im Innern; über dich knarrten Wagen, über dich ritten Frauen, über dich schrien Bräute, über dich schnaubten Farren; allen widerstandest du und setztest dich entgegen: so widersteh du auch dem Gift und der Ansteckung und dem Übel, das über das Land dahinfährt

Die dicken Blattadern des Breitwegerich sind schon im Mittelalter als Orakel benutzt worden. Ein Blatt wurde quer schnell und kräftig auseinandergerissen und an der Anzahl der herausstehenden Fäden die Anzahl der Liebhaber oder Liebsten abgelesen. Auch heute noch macht es Kindern und Erwachsenen Spaß, mit dem Breitwegerichorakel herauszufinden, wieviele Kinder man bekommen wird.

Naturgarten Tip

Spitzwegerich darf in einer artenreichen, einheimischen Blumenwiese nicht fehlen. Er läßt sich sehr leicht aus Samen ziehen, die man im Spätsommer sammelt. Breitwegerich siedelt sich ohne Hilfe in jedem Garten an, auf Wegen, zwischen Platten oder im Rasen. Breitwegerich ist genauso grün wie das Gras der Rasenfläche mit dem Vorteil, daß seine Blätter sich an den Boden andrücken und nicht so oft gemäht werden müssen. Ganz nebenbei bereichert Wegerich kostendämpfend die Heilkräuterapotheke vor der Haustür.

Extras

Mückenstiche, Wespenstiche, Brennesselquaddeln, Brandblasen, Schürfwunden, Pickel ... kein Problem für Wegerich. Zerreibt man die Blätter, besonders des saftigen Spitzwegerich, so lange, bis der grüne Saft austritt, und betupft damit die verletzte Haut, dann verschwinden alle lästigen Begleiterscheinungen der oben genannten Probleme, und die Haut verheilt sehr schnell und ohne Narbenbildung.

Spitzwegerich enthält Schleimstoffe und den Wirkstoff Aucubin, der antibiotische Eigenschaften hat. Also kein Wunder, daß Spitzwegerich einer der besten Heilkräutertees gegen Erkältungskrankheiten und grippale Infekte ist. Außerdem stärkt er die körpereigenen Abwehrkräfte, das Immunsystem.

Spitzwegerichtee „Anti Grippe“

Zwei Teelöffel Spitzwegerichblätter mit 1/4 l kochendem Wasser überbrühen, 7 min. ziehen lassen, abseihen und mit Honig und Zitronensaft würzen. Täglich 2-3 Tassen trinken. Bei akuter Erkältung fügt man noch 1/2 Teelöffel Holunderblüten zu.

Breitwegerichblätter, die leicht gewalkt werden müssen, können als Umschlag um verstauchte Gelenke gelegt werden. Sie kühlen, so daß die Schwellung zurückgeht. Gewalkter Breitwegerich wirkt auch als „Zugsalbe“ bei Geschwüren und Pickeln, wie schon bei Dioscurides zu lesen ist.

Inhaltsstoffe

Schleimstoffe
Gerbstoffe
Bitterstoffe
Aucubin
Kieselsäure

Verwendung:

Blätter, Blütenstände von Spitzwegerich, Samenstände von Breitwegerich zu Salaten, Wildgemüse, Blattrouladen, Mixed Pickles

Spitzwegerichblätter
Breitwegerichblätter

Gedünstetes Wildgemüse, S. 130
Grüner Kartoffelsalat, S. 126
Käsesalat mit Spitzwegerich, S. 131
Spitzwegerich-Apfelsalat, S. 131
Tapenade, S. 135

Spitzwegerich-Blütenstände

Blumenstraußsalat, S. 130
Mixed Pickles, S. 134
Spitzwegerichknospen mit Champignons, S. 128
Tapenade, S. 135

Breitwegerich-Fruchtstände

Gedünstete Breitwegerich-Kölbchen, S. 132
Mixed Pickles, S. 134
Würzbrot, S. 117

Sammeln und aufbewahren:

Spitzwegerichblätter sind am zartesten von April bis Juni oder im September, wenn die Pflanzen im Sommer einmal abgemäht wurden.

Breitwegerichblätter kann man grundsätzlich von Frühjahr bis Herbst sammeln, allerdings müssen sie sorgfältig ausgewählt werden, denn sie sind häufig sehr zäh.

Die kurzen Blütenstände von Spitzwegerich, die nach frischen Champignons schmecken, werden geerntet, wenn noch kein Kranz von Staubfäden gebildet ist. Die langen Fruchtstände des Breitwegerich schmecken besonders gut, wenn sie noch grün sind. Aber auch reife Samen lassen sich zu Würzbrot verwerten. Als Wildgemüse sollte Wegerich frisch verwendet werden.

Für Heilzwecke sammelt man Spitzwegerichblätter vor der Blüte etwa von April bis Juni. Die Blätter werden getrocknet, können aber auch frisch als Tee aufgebrüht werden.

Weißdorn

(Rosaceae, Rosengewächse),
Hawthorn (Engl.),
Aubepine (Franz.)

Eingriffeliger Weißdorn
Crataegus monogyna

Zweigriffeliger Weißdorn
Crataegus oxyacantha

Geschichten aus dem Mustopf

Eine wunderschöne Hecke säumt Ihren Garten. Rote Punkte strahlen uns im Sonnenlicht entgegen. Heckenrose, Weißdorn und Schlehe kann ich hier vorne erkennen und dort drüben sehe ich Berberitze und Kornellkirsche. Also vorwiegend einheimische Sträucher, die eine abwechslungsreiche Hecke bilden. Und eine solche Hecke ist sicher nicht nur im Herbst schön anzusehen.

Eine Wildhecke, wie wir sie gelegentlich noch an Feldrändern finden, ist übers ganze Jahr interessant. Im Frühling ist sie mit weißen Blüten übersät, im Sommer duften die Wildrosen, im Herbst leuchten darin die Früchte, ja und im Winter wird sie von zahlreichen Zugvögeln besucht, die dort noch reichlich Nahrung finden.

Ein solches Gewirr von Sträuchern muß doch auch für alle möglichen Tiere ein idealer Unterschlupf sein.

Das ist das Schöne an dieser Naturhecke, daß sie sehr vielfältig ist, daß sie im Frühjahr, wenn sie blüht, sehr schön aussieht und den ganzen Sommer über Nistplätze und Zufluchtsplätze für Vögel bietet. Es brüten in unserer Hecke die verschiedensten Vogelarten wie z.B. Klappergrasmücke oder Schwarzdrossel. Besonders die sehr dornige Hagebutte, bietet den Vögeln Schutz, weil die Katzen nicht so leicht hineinsteigen können. Auch das Nahrungsangebot ist natürlich ideal für Vögel, sowohl im Sommer als auch im Herbst und Winter. Aber nicht nur Vögel leben in der Hecke, sondern auch viele andere Nützlinge, die den Schädlingen im Garten zu Leibe rücken.

Die Hecke hat für Ihren Garten also eine wichtige ökologische Funktion.

Aber nicht nur das, auch wir brauchen nicht abseits zu stehen, sondern können Blätter, Blüten und Früchte der Hecke nutzen oder besser, sie mit den Vögeln teilen.
Jetzt im frühen Herbst oder späten Sommer ernte ich ganz besonders gern die Früchte des Weißdorn. Ich kann Tee daraus kochen, Weißdornmus zubereiten und wenn man möchte, auch Wein oder Likör.

Kann man auch die anderen Früchte, zum Beispiel Schlehe oder Hagebutte so vielseitig verwerten?

Ja, das ist möglich, allerdings wird jede Wildfruchtsorte etwas anders vorbehandelt. Schlehen und Vogelbeeren z.B. müssen eine Zeitlang in der Gefriertruhe ruhen, damit sich der herbe Geschmack verliert.

Wir haben heute schon fleißig Weißdorn ins Körbchen gesammelt. Was machen Sie jetzt damit?

Ich möchte zuerst ein Weißdorn-Dessert zubereiten. Dazu brauche ich ein Kilo Früchte und die gleiche Menge Äpfel. Alles wird gewaschen, und anschließend schneide ich die Äpfel in kleine Stückchen. Alles wird mit ein ganz klein wenig Apfelsaft gar gekocht Das dauert etwa so 5 bis 10 Minuten. Allerdings muß ich gelegentlich umrühren, damit nichts am Topfboden anbrennt.

Es sind aber noch schöne rote Weißdornfrüchte im Körbchen zurückgeblieben. Werden diese noch irgendwie verwendet?

Während das Mus jetzt so vor sich hinköchelt, können wir mit den restlichen Früchten einen Likör ansetzen. Etwas fürs Herz, denn Weißdorn wirkt herzstärkend. Dazu brauche ich noch 100 g Kandis, einen dreiviertel Liter 32prozentigen Korn und natürlich eine dekorative Flasche, in der der Likör reift. In den vergangenen Jahren habe ich überall auf Flohmärkten schöne und sehr unterschiedlich geformte Flaschen gesammelt, damit ich meine delikaten Liköre auch gut verpacken kann. In diese bauchige Flasche gebe ich zuerst die Früchte hinein, dann den Kandis, und zu guter Letzt kommt der Korn drüber, bis die Flasche voll ist.

Wie lange muß ich nun warten, bis ich den Herzlikör kosten darf?

Sie brauchen schon etwas Geduld, denn Weißdornlikör entwickelt erst in 4-6 Monaten sein volles Aroma.
Unser Dessert wird auch mit Likör zubereitet, allerdings warten wir nicht erst ein halbes Jahr, sondern ich greife zu alten, bereits gereiften Vorräten. In diese Schüssel habe ich Löffelbisquitts geschichtet, und die werden nun mit Likör beträufelt, ohne natürlich auf ein kleines Schlückchen zu verzichten – des Testes wegen. Wenn man Alkohol vermeiden möchte, dann nimmt man statt dessen Apfelsaft.

Der Brei im Kochtopf hat inzwischen eine sehr schöne, rote Farbe bekommen und ist sicher fertig gegart.

Den Brei passiere ich noch durch ein Sieb, denn die kleinen Kernchen mag ich nicht sonderlich gern im Dessert.

Ist das denn auch süß genug?

Eigentlich sollten die Äpfel genügend Süße mitbringen, aber wem da noch etwas fehlt, der kann mit Honig nachhelfen. Das kalte Mus wird über die Bisquitts gestrichen, dann folgt noch eine Schicht mit Löffelbisquitts mit oder ohne Likör und zum Schluß wieder eine Schicht Weißdorn/Apfelbrei. Das Dessert muß über Nacht gut durchziehen, und wenn es dann serviert wird, dürfen kleine Sahnehäubchen und ein paar dekorative Blüten nicht fehlen.

Blühender Weißdorn

Wie erkenne ich Weißdorn?

- **im Winter an der silbrig grauen Farbe der Zweige und den winzig kleinen Knospen**
- **an den tief gelappten Blättern, die so groß wie ein 5 DM Stück sind**
- **an den cremefarbenen Blüten, die erst nach dem Ergrünen des Baumes erscheinen**
- **an dem Duft der Blüten, der unangenehm an Fisch erinnert**
- **an den roten Früchten, die, nicht größer als ein Fingernagel, wie Mini-Äpfelchen aussehen**

Wo finde ich Weißdorn?

- an sonnigen und mageren Hängen und Böschungen
- als einzelnen Strauch oder Baum auf Weiden im Hügelland
- in Hecken
- in Gesellschaft mit Schlehe, Wildem Schneeball, Blutrotem Hartriegel und anderen typischen Heckensträuchern

Womit kann ich Weißdorn verwechseln:

- die Früchte entfernt vielleicht mit denen des Mehlbeerbaumes (Sorbus aria), die sich wie Weißdorn verwerten lassen. Die Blätter sind auf der Unterseite silbrig behaart und nicht eingeschlitzt.

Weißdornfrüchte „Mehlfäßchen“

Historisches

Weißdorn ist einer der schönsten und wertvollsten Heckensträucher, der über Generationen gehegt und gepflegt wurde. Bereits im 6./7. Jahrhundert schnitten germanische Stämme Weißdornzweige, die sie in den Boden steckten und so miteinander verbanden, daß ein dichtes Flechtwerk entstand. Im Laufe der Zeit wuchsen um diese toten Hecken immer mehr Sträucher. Weißdorn und Hasel überwucherten das Flechtwerk, Blumen der offenen Felder und die Kräuter des Waldes siedelten sich im Licht- oder Schattenbereich an. Die einstmals tote Hecke entwickelte sich zu einem vielfältigen Lebensraum, und alsbald wurden die für die Erhaltung der Feldflur so wichtigen Wälle nur noch als lebende Hecken angelegt.

Die Hecke, die Haga oder der Hag umfriedete Felder und Dörfer, brach den Wind, so daß die wertvolle Ackerkrume nicht verweht wurde und beherbergte eine Vielzahl von nützlichen Tieren. Vögel, Nagetiere, kleine Säuger oder Insekten fanden Nahrung und Unterschlupf und trugen dazu bei, die Feldfrüchte von Schädlingen zu befreien. Auch dem Menschen bot die Hecke reiche Ernte an Wildgemüsen, Früchten, heilenden Kräutern und Holz, aus dem sie Geräte herstellten oder mit dem sie Feuer entfachten. Die noch heute geläufigen Namen Hagebutte für Heckenrose, Hagedorn für Weißdorn oder auch Hagestolz erinnern an die wichtigsten Sträucher der Hecken und sicher auch an ihre Bedeutung.

Der Erhalt der Hecken war für das ländliche Leben so wichtig, daß Heckenmeister oder Hagemeister beauftragt wurden, die Hecke zu pflegen. Diese hochangesehenen Männer achteten darauf, daß Weißdorn und Hasel nicht zu Bäumen auswuchsen und schnitten sie geschickt zurück, ohne die Funktion der Hecke zu beeinträchtigen. Auch setzten sie neue Sträucher ein, wenn die Hecke durch Tiere oder kriegerische Überfälle zerstört worden war. Der Weißdorn, der wichtigste Strauch einer Hecke, hatte große mythologische Bedeutung. Mit seiner weißen Blütenpracht war er Sitz der Elfen und guten Geister, die vor Krankheit schützten. Kranke ließ man durch ein Tor aus Weißdornzweigen kriechen, um sie von ihren Beschwerden zu befreien oder man nagelte Weißdornzweige über den Stalleingang, um die Kühe vor bösem Zauber zu bewahren.

Als im 14. Jahrhundert der schwarze Tod, die Pest sich ausbreitete, beginnen die Dörfler in ihrer Angst, die Hecken zu plündern. Unmengen von Holz wurden zum Ausräuchern der Ställe und Häuser benötigt, und voller Verzweiflung werden Kräuter im Übermaß gesammelt, um Menschen und Tiere vor der Pestilenz zu bewahren. Niemand pflegt mehr die Hecke, so daß sie auswuchert, sich durch Wurzeltriebe in die Felder ausdehnt und zum wild wuchernden bedrohlichem Gestrüpp wird. Die Haga, einstmals Schutz und

Versorger des Menschen, wird zum Symbol von Verderben. Den Weißdorn, den einst beschützenden Strauch, sieht man jetzt als ein böses Omen an, denn er wuchert, blüht und fruchtet ungehindert in einer Zeit, wo Menschen sterben müssen. Es ist denkbar, daß in dieser Zeit aus dem Wort Haga die Bezeichnung Hexe für die schwarzen Magierinnen entstanden ist, die für Krankheit und Verderben verantwortlich gemacht wurden. Vielleicht ist die Angst vor der Hecke aus jener Zeit bis in unsere erhalten geblieben, denn nach verbreiteter Meinung sollen sich in der Hecke nicht nur Schadinsekten und

Naturgarten Tip

Weißdorn als traditioneller Heckenstrauch darf in einem Naturgarten nicht fehlen. Er läßt sich hervorragend schneiden, wird nach jedem Schnitt dichter und bildet wie Schlehe und Heckenrose ein undurchdringliches Geflecht. Vögel finden darin Schutz und Nistmöglichkeiten und natürlich auch Nahrung.
Weißdornblüten werden von verschiedenen Raupen befallen, die mit Eifer von fütternden Brutvögeln gesammelt werden. Im Herbst sind die roten Früchte eine willkommene Nahrung für sowohl einheimische als auch für durchziehende Singvögel.
In einem großen Garten ist Weißdorn auch als Solitärbaum wunderschön, denn im Juni ist er übersät mit weißen Blüten und im Herbst mit roten Früchten, die den Baum auch dann noch schmücken, wenn die Blätter bereits abgefallen sind. Weißdorn läßt sich ohne Mühe aus den roten Früchten ziehen. Da er sehr schnellwüchsig ist, dauert es nicht allzulange, bis man den Sämling als Strauch ansprechen kann. Mit etwas Geschick bringt man auch Zweige, die man in den Boden steckt, zum Wurzeln. Mit dieser Methode legten ja schon unsere Vorfahren erfolgreich eine Wallhecke an.

Weißdorn gibt es in Landschaftsgärtnereien wieder zu kaufen, nachdem die Angst, Weißdorn sei der einzige Überträger des Feuerbrandes, verschwunden ist. Feuerdorn, der so beliebte Zierstrauch in Gartenanlagen, ist wesentlich anfälliger gegenüber Feuerbrand als Weißdorn, der einen natürlichen Standort hat. Weißdorn im Gegensatz zu vielen anderen Rosengewächsen wird von Fliegen und Käfern und Bienenverwandten bestäubt. Er ist keine ausgesprochene Bienenweide.

Rotdorn ist ein Ziergehölz, der rosa bis rote, gefüllte Blüten hat und meist keine Früchte mehr ansetzen kann. Diese rotblühende Mutante des Weißdorn ist nicht "wurzelecht" und muß durch Propfung vermehrt werden.

andere schädliche Tiere vermehren, sondern auch der Schatten der Sträucher soll das Wachstum auf dem angrenzenden Feld negativ beeinträchtigen. Zusätzlich werden Hecken als Quelle für die Verunkrautung der Feldflur angesehen. Erst ganz allmählich beginnt man heute, die alte Bedeutung der Hecke für das Ökosystem wieder zu verstehen und versucht, sie erneut zu beleben und zu pflegen.

Extras

Weißdorn ist eine alte Heilpflanze, die den Germanen bekannt war und auch von Dioskurides (50 n. Ch.) empfohlen wurde. Der „Syrupus senelorum", der Heinrich dem IV von Frankreich gegen seine Altersbeschwerden verschrieben wurde, war höchstwahrscheinlich ein Sirup aus Weißdornfrüchten. Erst Ende des 19. Jahrhunderts erkannte der irische Arzt Green, daß Weißdorn Herzbeschwerden lindert. Heute ist Weißdorn nicht nur in der Volksmedizin, sondern auch in der Phytotherapie verbreitet, und sogar die Schulmedizin lehnt Weißdorn nicht ab. Regelmäßige Einnahme von Weißdornextrakten oder Tees über einen längeren Zeitraum, ja sogar über Jahre, regulieren den Blutdruck, kräftigen das unter nervösen Herzrhythmusstörungen leidende Herz und wirken gegen Druck und Beklemmungsgefühle des Herzens.

Weißdornblüten

Apotheker Pahlow empfiehlt folgenden Herztee (2 Tassen pro Tag):
2 Teelöffel Weißdornblüten (getrocknet) mit 1/4 l kochendem Wasser aufbrühen, 10 min. ziehen lassen und abgießen.
Den Tee kann man mit Honig süßen oder süßen Sanddornsaft zugeben. Sanddorn unterstützt die Wirkung des Tees.

Weißdorn enthält unter anderem die Wirkstoffgruppe Flavonoide, die im Körper als Radikalfänger und Antioxidantien wirken können. Gerade die biochemisch hochaktiven Radikale, die sich im Körper aus den verschiedenen mit der Nahrung aufgenommenen Substanzen bilden können, sind unter anderem mit verantwortlich für die Entstehung von Krebs. In jüngster Zeit werden gerade Heilpflanzen und auch Nahrungspflanzen mit Flavonoidgehalt auf diese spezielle Wirkung hin intensiv erforscht.
Für zarte und empfindliche Haut eignen sich Gesichts- und Reinigungslotionen sowie Cremes und Dampfbäder mit Weißdornblütenextrakt oder Tinktur. Die kosmetische Wirkung von Weißdorn wußten besonders junge Mädchen

schon in vergangenen Jahrhunderten zu schätzen, wie einem Spruch aus England zu entnehmen ist:

Im Morgengraun des 1. Mai
ein junges Mädchen draußen sei.
Im Weißdorntau spazierengehn
macht junge Mädchen wunderschön

Da Wetterkarten in vergangenen Zeiten noch unbekannt waren, vertraute man auf Zeichen in der Natur, um das Wetter vorherzusagen:

Blüht der Weißdorn viel zu früh
schneit`s noch viele Flocken Schnee

Inhaltsstoffe

Flavonoide
Triterpencarbonsäuren („Crataegussäure")
Vitamin C
Thiamin
Äthylamin (Geruch)
Catechine

Verwendung:

Blätter (im Frühjahr), Blüten, Früchte zu Salaten, Getränken, Likör, Marmelade, Wein

Blätter

Frühlingssalat, S. 130
Mandel-Aperitif, S. 123

Blüten

Blütenlimonade, S. 122

Früchte

Herzlikör, S. 122
Kräuterlikör, S. 120
Weißdornmarmelade, S. 122
Weißdornwein „Erikas Herzwein", S. 124
Wildfrüchte-Dessert „Tiramisu", S. 119
Wildfrucht-Grübchen, S. 117

Sammeln und aufbewahren:

Die ersten zarten Blättchen haben einen angenehmen Mandelgeschmack und werden frisch verwendet. Für Herztee sammelt man die gerade noch nicht oder die gerade aufgeblüten Blüten, deren Staubbeutel noch violett sind. Zu einem späteren Stadium fallen die Blütenblätter beim Trocknen aus, oder die Ernte verwandelt sich in einen krabbelnden Raupenzoo. Sind die Früchte rundum tomatenrot, schmecken mehlig und leicht süß, dann sind sie erntereif. Sie werden frisch verwertet oder eingefroren.

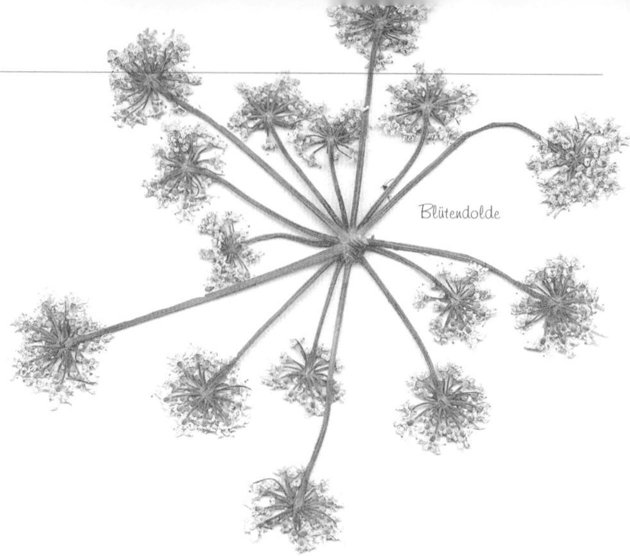

Wiesen-Bärenklau

Heracleum sphondylium
(Apiaceae, Doldengewächs),
Bärentatze, Hogweed (Engl.),
Berce spondyle (Franz.)

Vom Scheitel bis zur Sohle

Es soll ja sehr lange gedauert haben, bis Broccoli in Deutschlands Küchen Einzug gehalten hat. Dieses grüne Gemüse, das mit Blumenkohl verwandt ist, erfreut sich zunehmender Beliebtheit und zwar so sehr, daß in Südamerika selbst Urwald für den Anbau und Transport gerodet wird. Broccoli statt Urwald, – was für eine Alternative. Heute allerdings steht Broccoli auf dem Speiseplan, der nicht vom Urwald, sondern von der Wildwiese aus heimischen Landen frisch auf den Tisch kommen soll.

Ja, dieser Broccoli sieht zwar so aus wie Broccoli, aber es ist Wiesen-Bärenklau. Genaugenommen sind es die Blütenstände mit den Blütenknospen. Wiesen-Bärenklau wächst fast überall, und da ist es auch nicht schwer, von jeder Pflanze zwei, drei Blütenstände zu sammeln. Der Pflanze bleiben noch genügend Blüten, um Früchte zu produzieren. Schließlich wollen auch die Insekten noch etwas von der Pflanze haben.
Zu Wild- Broccoli eignen sich die Blütendolden, wenn sie noch versteckt in der schützenden Blatthülle stecken oder kurz bevor sie aufblühen.

Apropos Insekten, etwas 'Leben' herrscht ja schon noch auf den Blüten.

Das ist aber nicht weiter schlimm. Die Dolden werden einfach gründlich gewaschen, bis alles weggeschwemmt ist, was später im Essen nicht unbedingt sein muß. Außerdem ist es für mich immer ein gutes Zeichen, wenn sich vielerlei Insekten auf diesen Pflanzen ganz offensichtlich wohl gefühlt haben, denn dann war die Wiese wenigstens nicht gespritzt.

So kann man das natürlich auch sehen.

Also sorgfältiges Waschen nicht vergessen. In einer Pfanne oder flachem Topf zerlasse ich ein wenig Butter und gebe die tropfnassen Wild- Broccoli-Röschen zusammen mit einer frisch gehackten Zwiebel hinein. Wenn nötig, füge ich noch ein wenig Wasser hinzu. Bei schwacher Hitze gart das Gemüse jetzt vor sich hin.

Während Wiesen-Bärenklau-Broccoli gart, bereiten Sie schon etwas anderes

Grünes und Längliches zu. Lassen sich auch andere Teile dieser Pflanze nutzen?

Man kann sogar die ganze Pflanze verwerten. Die Blütendolden kennen wir ja schon. Die jungen Blätter sind im Frühjahr hervorragend als Salat oder gedünstetes Gemüse geeignet, später im Jahr sind sie ideal für schmackhafte Gemüsesuppen. Die Stengel entferne ich allerdings.

Und warum schneiden Sie die Stengel von den Blättern ab?

Die Blattstengel könnte man natürlich auch für die Suppe verwenden, aber sie lassen sich viel besser als eine Art Spargel nutzen. Kurz blanchiert, dann paniert und in Knoblauchbutter ausgebacken – das ist einfach köstlich.

Also gemeint sind die Blattstengel und nicht der Pflanzenstengel?

Die Pflanzenstengel, an denen sich die Blüten entwickeln, sind hohl und sehr zäh, also ungeeignet für 'Spargel'. Die Blattstengel dagegen sind markig und knackig.

Und die können bis zu 30 cm lang werden.

Kaum zu glauben, manchmal sind sie sogar noch länger. Diese Prachtexemplare schneide ich mehrfach durch, bis sie Spargellänge haben, gebe sie in kochendes Salzwasser und lasse sie etwa 5 – 8 min. garen. Die Garzeit hängt von der Dicke der Stengel ab. Am besten, man probiert zwischendurch, ob sie schon weich sind. Jetzt nehme ich die Stengel mit einem Schaumlöffel heraus und lasse sie abtropfen und abkühlen. Danach werden die Stengel paniert wie ein Schnitzel. In der Pfanne zerlasse ich Butterfett und backe die Stengel rundum goldbraun. Zum Schluß gebe ich noch fein gehackten Knoblauch dazu und lasse ihn ein wenig bräunen.

Riechen jedenfalls tut das Ganze schon einmal ganz toll – und aussehen erst. Das macht richtig Appetit.

Wiesen-Bärenklau ist eine echte Delikatesse vom Wegesrand. Ich kann Blätter, Stengel, Blüten und später auch Früchte nutzen und sie zu fantastischen Gerichten verwandeln.

Erst die Suppe als Vorspeise, dann Wiesen-Bärenklau-Spargel – und/oder unsere Broccoli-Röschen. Sind die inzwischen fertig?

Das Wasser ist fast verdunstet, und die Röschen sind nicht zu weich gegart, sozusagen bißfest. Jetzt gebe ich noch ein ganz klein wenig Butter zu, wende noch einmal, bis sie alle vom Fett umgeben sind, und streue Salz darüber. Wer mag, gibt noch frisch gemahlenen Pfeffer zu. Verfeinern könnte ich das Gericht jetzt noch mit geriebenem Käse. Auf einem Teller richte ich die grünen Röschen mit Zitronenscheiben an und träufele etwas Zitronensaft darüber. Fertig!

Es ist ganz erstaunlich, was Sie da auf den Teller heben. Es ist ja richtig grün und sieht tatsächlich wie Broccoli aus, nur etwas kleiner. Erstaunlich diese giftgrüne Farbe. Na ja, daß mit dem Gift nehme ich sofort zurück, sonst lassen Sie mich nachher nicht einmal mehr probieren. Aber die Farbe finde ich toll, eben Broccoli-Grün.

Ja, und wer einmal probiert hat, wie gut Wiesen-Bärenklau schmeckt, der wird diese Pflanze lieben lernen und nicht mehr vernichten.

Liebe geht eben durch den Magen.

Wie erkenne ich Wiesen-Bärenklau?

- **an dem Merksatz „Ist der Stengel kantig rauh, ist es Wiesen-Bärenklau“**
- **an dem manchmal rötlichen Stengel, der gelegentlich rote Stipp-Flecke hat**
- **an seinen groben und lappig zerteilten Blättern, die an Bärentatzen erinnern und im Frühjahr und Herbst als Rosette zusammenstehen.**
- **an den rauh behaarten Blättern, die sich wie ein Teddybärfell anfühlen**
- **an den bauchigen Tüten (Blattscheide oder Ochrea) am Grunde der Stengelblätter, aus denen Seitentriebe und Blütenstände wachsen**
- **an den weißen Blütentellern (Blütenstand), die recht unangenehm nach Kuhstall riechen, und nicht vor Juni/Juli zu finden sind**
- **wenn er blüht auch an seiner auffälligen Höhe (bis 1,5 m)**
- **insgesamt an seiner plumpen „bärigen“ Erscheinungsform**

Wo finde ich Wiesen-Bärenklau?

- überall auf Wiesen, die nährstoffreich sind
- an Weg-, Wald-, und Heckenrändern, überall wo es sonnig ist
- in Gesellschaft mit Wiesen-Pippau, Margeriten, verschiedenen Glockenblumen und anderen Wiesenblumen, wenn die Wiese nicht überdüngt ist

Blätter von Wiesen-Bärenklau

Womit kann ich Wiesen-Bärenklau verwechseln:

- wenn man nur auf die Blüten achtet, mit vielen anderen Doldengewächsen wie Engelwurz, wilde Möhre oder Wiesenkerbel, die allerdings alle eßbar sind. Es ist viel einfacher, Doldengewächse an Blättern und Stengeln zu unterscheiden, denn diese sind individuell und ausgefallen gestaltet.
- mit der Herkulesstaude, auch Riesen-Bärenklau (Heracleum mantegazzanum) genannt, der aus Gärten und Anlagen verwildert ist. Diese Blätter sind nicht behaart, haben spitz auslaufende Blattlappen und die gesamte Pflanze riecht unangenehm, fast widerlich.
  Vorsicht beim Berühren!

Historisches

Der lateinische Name Heracleum bezieht sich auf den griechischen Heroen Herakles oder Herkules (lateinisch), dem unter anderem ein Übermaß an Kraft, Härte und Ausdauer nachgesagt wurde. Eigenschaften, die durchaus auf Wiesen-Bärenklau übertragen werden können. Aber auch Wollust und Völlerei sollen charakteristisch für Herakles gewesen sein. Schrieb man deshalb im Mittelalter dem Wiesen-Bärenklau aphrodisierende Wirkung zu?

Auch wenn man geneigt ist, die plumpe Erscheinungsform des Wiesen-Bärenklau mit einem Bären zu vergleichen, so bezieht sich „Bär“ eher auf „gebären“. Viele Kräuter, in denen die Silbe -bär enthalten ist, wurden in der Frauenheilkunde eingesetzt. So sagt man Bärenklau fördernde und regulierende Wirkung auf die Menstruation nach.

Merke:

Blühfolge:	1.	Wiesenkerbel	April/Mai
	2.	Wiesen-Bärenklau	Juni/Juli
	3.	Wilde Möhre Engelwurz	August/September

Achtung: Riesen-Bärenklau bei Sonnenschein nicht berühren, denn schon leichter Kontakt mit der Pflanze rötet die Haut, und es entstehen schmerzhafte Blasen.

Naturgarten Tip

Wiesen-Bärenklau eignet sich für die hohe Blumenwiese, wenn der Boden nicht zu nährstoffreich ist. Sollte das der Fall sein, dann wird die wüchsige Pflanze alsbald andere Wiesenpflanzen verdrängen. Blätter und Stengel können als Wildgemüse verwendet werden, ergeben aber auch besten Kompost und gutes Mulchematerial.

Ein günstiger Standort für Wiesen-Bärenklau ist der Heckenbereich. Da er dort wenig Sonne bekommt, entwickelt er große Blätter mit dicken, langen Blattstengeln, aber wenig Blüten.

Extras

Die riesigen Blütendolden sind ein Tummelplatz für zahlreiche Insektenarten. Hummeln, Bienen, Schwebfliegen, Streifenwanzen und viele mehr laben sich an einem sonnigen Sommertag an dem üppigen Angebot an Nektar, den jede einzelne Blüte des Blütenstandes in einem grünlichen Griffelpolster produziert. Gleichzeitig lauern auch Insektenjäger wie Raubwanzen oder einige Wespenarten auf den Blüten. Es lohnt, sich Zeit zu nehmen, um das spannende Geschehen auf Wiesen-Bärenklau zu beobachten.

Die großen Blütenteller lassen sich gut zwischen Zeitungspapier pressen und zur Weihnachtszeit als Sterne aufhängen oder auf Weihnachtskarten aufkleben.

Eine leckere Erfrischung beim Wandern sind die zarten Stiele der noch nicht aufgeblühten Dolden. Mit dem Fingernagel lassen sich die Stengel schälen, so daß das saftige Mark zum Vorschein kommt. Es schmeckt nach zarten, frischen Möhren.

Den Saft von Wiesen-Bärenklau sollte man nicht bei Sonnenschein auf die Haut einwirken lassen, denn bei empfindlichen Personen können sich rote Striemen mit Blasen, die sogenannte Wiesendermatitis bilden.

Inhaltsstoffe

Eiweiß, Zucker
Vitamin C (291 mg in 100 g Blättern)
Provitamin A (0,360 mg in 100 g Blättern)
Mineralsoffe (z.B. 3,2 mg Eisen, 75 mg Magnesium, 540 mg Kalium, Calcium 320 mg in 100 g Blättern)
Ätherische Öle
Furocumarine (verantwortlich für Wiesendermatitis)

Verwendung:

Blätter vor der Blüte im Frühjahr und nochmals frisch ausgetrieben nach dem Wiesenschnitt. Blattstengel und bauchige Blatt-Tüten (Blattscheide) vor der Blüte, Blütenknospen und grüne, unreife Früchte zu
Salaten, Gemüse, Suppen, Kräuterfüllungen, Aufläufen, Kräuterbroten, Süßspeisen

Blätter

Blätter im Teigmantel, S. 125
Bunter Nudelsalat, S. 128
Gedünstetes Wildgemüse, S. 130
Grüner Kartoffelsalat, S. 126
Grüne Plätzli, S. 126
Kartoffelgratin, S. 127
Knoblauchsrauken-Crepes mit Wildgemüse-Füllung, S. 127
Kräuter-Gurkensuppe (kalt), S. 133
Wiesensalat, S. 130
Wiesensuppe, S. 129
Wildkräuter-Tomatensalat, S. 131

Blattstengel (Stiele)

Gebackene Wiesen-Bärenklaustengel, S. 129
Mixed Pickles, S. 134
Stengelauflauf, S. 129
Tapenade, S. 135
Stengel süß-sauer, S. 135

Blütenknospen

Wilder Broccoli (Wiesen-Bärenklau-Blütenknospen), S. 130
Stengelauflauf, S. 129

Früchte

Würzbrot, S. 117

Sammeln und aufbewahren:

Blätter, Blattstengel und Blütenknospen vorzugsweise am Vormittag sammeln, weil sie dann noch saftig sind. Alle lassen sich für mehrere Tage in einem geschlossenen Gefäß im Kühlschrank aufbewahren. Blattstengel können nach kurzem Blanchieren (1,5 – 2 min.) eingefroren werden, und grüne Früchte lassen sich trocknen.

Rezepte

Brot, Plätzchen und Torten

Grüne Brötchen

500 g Mehl, 1 Backpulver, 1/2 Tl Salz, 100 g Butter oder Margarine, 1/4 l Buttermilch oder Milch, 2 Handvoll Vogelmiere oder Giersch, Brennessel, Beinwell, Wiesen-Bärenklau

Mehl, Salz und Backpulver miteinander vermengen und das Fett in Flöckchen darüberstreuen. Kräuter waschen, abtropfen lassen und in feine Streifen schneiden. Anschließend die Kräuter in der Milch pürieren und mit den übrigen Zutaten zu einem geschmeidigen Teig verkneten. Eventuell Mehl oder Milch nachgeben. Aus dem Teig etwa 20 Brötchen formen, mit einem Messer einschneiden und auf ein ungefettetes Backblech legen. Herd auf 220 Grad vorheizen und die Brötchen 20 – 25 min. backen.

Herbst-Torte

5 Eier (getrennt), 50 ml Wasser, 125 g Honig, 175 g Buchweizenmehl, 1 Backpulver, 500 g Joghurt, 200 g Sahne, 2 Päckchen Sahnesteif, 1 Likörglas Likör von Schwarzem Holunder, 600 g schwarze Holundermarmelade oder Mus von Schwarzem Holunder mit Äpfeln, Gundermannblüten oder Gundermann-Konfekt zum Dekorieren

Eiweiß mit Wasser steif schlagen und zum Schluß die Hälfte des Honigs unterrühren. Mit dem restlichen Honig das Eigelb schaumig schlagen und das Eiweiß unterheben. Buchweizenmehl mit Backpulver vermengen und unter die Eimasse ziehen. Den Boden einer Springform einfetten, den Teig ausstreichen und bei 200 Grad 30 – 40 min. backen. Den erkalteten Tortenboden einmal durchschneiden, mit Likör beträufeln, die Hälfte des Holundermus oder der Holundermarmelade darauf ausstreichen und den Deckel aufsetzen. Joghurt mit dem Rest Marmelade und Sahnesteif verquirlen. Sahne sehr steif schlagen und unter den Joghurt heben. Die Torte rundum mit der Masse bestreichen und für einige Stunden zum Durchziehen kalt stellen. Mit Blüten und Konfekt dekorieren.

Kräuter-Vollkornbrot

1200 g Vollkornmehl (Weizen), 720 ml kaltes Wasser, 40 g Hefe, 1 Tl Honig, 1 Tl Salz, 2 Handvoll Kräuter einzeln oder beliebig gemischt: Giersch, Brennessel, Knoblauchsrauke, Beinwell, Vogelmiere, Bärlauch, Sauerampfer

Kräuter waschen, abtropfen und sehr fein hacken. Salz und Mehl vermischen. Hefe mit Honig in Wasser verrühren, zusammen mit den Kräutern zum Mehl geben und alles schnell miteinander verkneten. Eventuell etwas Mehl nachgeben. Den Teig 10 min. kneten, 10 min. ruhen lassen und noch einmal 10 min. kneten. Anschließend ein Brot formen und mehrfach einschneiden. Das Brot etwa eine halbe Stunde gehen lassen und in den kalten Backofen schieben. Bei 200 Grad etwa 45 min. backen.

Wildfrucht-Grübchen

175 g Mehl, 50 g Honig, 1 Päckchen Vanillezucker, 2 Eigelb, 125 g Butter, 200 g Wildfruchtmarmelade (Weißdorn, Schlehe, Hagebutte)

Alle Zutaten zu einem Teig verkneten, in Butterbrotpapier wickeln und eine halbe Stunde kühl stellen. Anschließend kleine Kugeln formen und mit einem mehlbestäubten Löffel eine Vertiefung in die Mitte drücken. Wildfruchtmarmelade in die Vertiefungen füllen. Plätzchen auf ein bemehltes Backblech legen und im vorgeheizten Ofen bei 175 Grad zehn bis zwölf Minuten backen.

Würzbrot

1 Handvoll Früchte von Wiesen-Bärenklau, Brennessel, Wegerich, Blütenknospen von Beifuß, Blüten von Wildem Majoran, Thymian, Bucheckern (geschält)

Alle anderen Zutaten sowie Zubereitung wie bei Kräuter-Vollkornbrot.

Dessert

Blütencreme

3/4 l Apfelsaft, 10 – 15 Holunderblütendolden oder 5 blühende Rispen Wiesen-Labkraut oder 20 Stengel Waldmeister oder 100 g Fichtenmaiwuchs, 2 Zitronen, 1 Ei (getrennt), 1 Packung Puddingpulver, Sahnegeschmack

Blüten bzw. Blätter über Nacht in Apfelsaft mit Zitronensaft legen und danach abfiltrieren. Puddingpulver mit Eigelb und ein wenig Saft anrühren. Den restlichen Saft aufkochen und das Puddingpulver einrühren. Nochmals aufkochen und dann das steifgeschlagene Eiweiß unter die heiße Flüssigkeit heben. Die Creme zum Abkühlen kühl stellen. Zum Servieren mit frischen Blüten oder Blättern garnieren oder mit Blüten-Mousse bestreichen.

Blüten-Mousse

200 ml Sahne, 5 Blütendolden: wahlweise Holunder, Wiesen-Labkraut, Echtes Labkraut, Mädesüß, Zitronensaft und Zucker nach Bedarf

Blüten mit Sahne aufkochen und filtrieren. Anschließend die Sahne sehr gut kühlen und dann mit dem elektrischen Rührer steifschlagen. Zucker nach Bedarf einrieseln lassen und mit Zitronensaft abschmecken. Mousse nochmals kräftig rühren.

Gundermanneis

2 Bananen, 2 Zitronen, 1 Apfel, 300 g Sahne, 5 g Gundermannblättchen, Honig nach Bedarf

Banane und Apfel schälen und in Stückchen schneiden. Zitrone auspressen und den Saft über die Früchte träufeln. Gundermann waschen und trockentupfen. Die Blättchen zusammen mit etwas Sahne und dem Obst pürieren. Die restliche Sahne steif schlagen und unter das Püree heben und mit Honig nach Bedarf abschmecken. Die Masse in einer Gefrierform einfrieren.

Gundermannparfait

200 g Vollkornzwieback, 100 g Butter,
200 g Frischkäse, 200 g Joghurt, 200 g Sahne,
50 – 80 g Honig, 1 Zitrone, 6 Blatt Gelatine,
100 ml Milch, 10 g Gundermannblättchen

Vollkornzwieback zerbröseln und mit der weichen Butter verkneten. Eine Springform mit einem Kuchenband auslegen, die Mischung hineingeben und festdrücken. Die gewaschenen Gundermannblättchen in Honig und ein wenig Joghurt pürieren und mit dem restlichen Joghurt, dem Saft der Zitrone sowie dem Frischkäse verquirlen. Sahne steifschlagen und unter die Masse heben. Gelatine in Wasser quellen lassen und in warmer Milch lösen. Zu der Gelatine nach und nach die Gundermann/Joghurt/Sahne-Mischung unter Rühren geben. Alles in die Springform streichen und für einige Stunden in den Kühlschrank stellen. Zum Servieren mit Gundermann-Konfekt dekorieren.

Holunder-Sorbet und Blüten-Sorbet

300 ml l Saft von Holunderblüten, Schwarzem Holunder, Wiesen-Labkraut, Waldmeister (s. Rezepte Blütengelee und Holundersaft), 100 ml Mineralwasser, 250 g Zucker, 1 Zitrone (Saft), 3 Tl Eiweiß

Zucker im Saft auflösen, danach Zitronensaft und Mineralwasser und zum Schluß das Eiweiß zugeben. Alles kräftig verrühren und einfrieren. Nach einer Stunde das halbgefrorene Sorbet nochmals kräftig durchrühren und wieder einfrieren. Etwa eine Stunde vor dem Servieren wird das Sorbet in den Kühlschrank gestellt. Dann gibt man eine Kugel in ein Sektglas, füllt mit Holundersekt oder anderem Sekt auf und dekoriert mit Zitronenscheiben oder Melissenblättern.

Holunder-Flammeri

750 ml Saft oder Wein von Rotem oder Schwarzem Holunder, 1 Päckchen Puddingpulver, Sahnegeschmack, 1 Ei (getrennt), 2 EL Zucker oder Honig, 1 Prise Salz

Rezept siehe Blütencreme.

Hollerküchlein

4 – 8 Blütendolden, 125 g Mehl, 1/4 l helles Bier, 1 Eigelb, 1 Tl Öl, 1 Eiweiß, Sonnenblumenöl zum Ausbacken

Mehl mit Bier, Eigelb und einer Prise Salz zu einem Teig verrühren, Öl und steifgeschlagenes Eiweiß unterheben. Holunderblüten durch den Teig ziehen und in Öl ausbacken.

Fruchtsalat mit Löwenzahnblüten

2 Äpfel, 2 Orangen, 1 Banane, 250 g Erdbeeren, 1/2 Tasse Apfel- oder Orangensaft, 1/2 Zitrone (Saft), 1 Tasse Löwenzahnblüten ohne grünes Körbchen, Zucker/Honig nach Bedarf

Äpfel vierteln, das Kerngehäuse entfernen, in Stückchen schneiden und mit Zitronensaft beträufeln. Orangen und Bananen schälen, Stielansatz der Erdbeeren entfernen und ebenfalls in Stückchen schneiden. Alles miteinander vermischen, den Apfel- bzw. Orangensaft darübergießen und 30 min. ziehen lassen. Die gelben Blüten des Löwenzahn aus dem grünen Körbchen zupfen und vor dem Servieren unter den Salat mischen. Ein paar Blüten zur Dekoration zurückbehalten.

Orangencreme mit Löwenzahnblüten

2 unbehandelte Orangen, 5 Orangen, 3/8 l Wasser, 125 g Zucker, 35 g Mondamin, 1/4 l Sahne, 1 Tasse Löwenzahnblüten ohne grünes Körbchen

Löwenzahnblüten aus dem grünen Körbchen zupfen. Abgeriebene Orangenschale mit Wasser und Zucker zum Kochen bringen. Mondamin mit Orangensaft anrühren und in die kochende Flüssigkeit geben, kurz aufkochen und unter Rühren erkalten lassen. Die Sahne steif schlagen und mit den Löwenzahnblüten unter die Masse rühren. Die Creme in eine Schüssel geben und mit einer Mischung aus abgeriebenen Orangenschalen und Löwenzahnblüten garnieren.

Wildfrüchte-Dessert „Tiramisu"

1 kg Wildfrüchte: Schwarzer Holunder, Weißdorn, Kornelkirsche, Hagebutte; 1 kg Apfel, 1/8 l Wildfruchtlikör, 1 Packung Löffelbisquitts, 100 g Sahne, etwas Apfelsaft, Blüten oder Likörfrüchte zum Dekorieren

Äpfel in Stückchen schneiden. Wildfrüchte waschen und verlesen. Beeren von Schwarzem Holunder mit einer Gabel von den Stielchen entfernen. Hagebutten halbieren und die Kernchen entfernen. Früchte zusammen mit den Äpfeln weichkochen. Bei Hagebutten und Weißdorn etwas Apfelsaft zugeben. Schwarzen Holunder und Kornelkirschen vor dem Erhitzen zerstampfen. Nach dem Kochen den Fruchtbrei durch ein Sieb passieren und mit Honig süßen. Den Boden einer Schüssel mit Löffelbisquitts auslegen und mit Likör, wahlweise Apfelsaft oder Kaffee beträufeln. Einen Teil des Fruchtbreis darüberstreichen und nochmals eine Schicht Löffelbisquitts darüberlegen, die mit Flüssigkeit getränkt werden. Den Rest des Mus darüberstreichen und für ein paar Stunden ziehen lassen. Zum Servieren Sahnehäubchen auf das Dessert setzen und mit Blüten der Jahreszeit garnieren.

Extras: Likör, Essig, Marmeladen

Gundermann-Konfekt

100 g Halbbitter-Kuvertüre, 40 große Gundermann-Blätter mit Stiel

Kuvertüre im Wasserbad schmelzen, die Blätter am Stielchen anfassen und auf beiden Seiten mit einem Backpinsel Kuvertüre aufstreichen, vorsichtig auf Butterbrotpapier auslegen und kühl stellen. Ist die Schokolade hart geworden, werden die Blätter vorsichtig vom Papier gelöst und gut verschlossen über Nacht im Kühlschrank aufbewahrt. Danach kann man das Konfekt zur Dekoration von Süßspeisen oder Torten verwenden oder als besondere Köstlichkeit direkt genießen. Der Geschmack erinnert etwas an Ingwerstäbchen.

Holunderblütenessig

500 ml Weißweinessig, 1 große Blütendolde

Grobe Stengel der Blüten abschneiden und die restliche Dolde in Essig geben. 2 – 4 Wochen bei Raumtemperatur ziehen lassen.

Holundergelee

3/4 l Holundersaft (Roter oder Schwarzer Holunder), 1/2 Zitrone (Saft), 1 kg Gelierzucker

Saft (siehe Rezept Holundersaft) mit Zitronensaft und Gelierzucker vermischen und aufkochen. 4 min. kochen lassen und heiß in kleine Twist-off-Gläser füllen.

Schwarzer-Holunder-Likör

200 g sehr reife Früchte, 120 weißer Kandis, 1 Flasche 32%iger Korn

Holunderbeeren mit einer Gabel von den Stielchen streifen und zusammen mit Kandis und Korn in eine Flasche füllen. Die Flasche gut verschließen und bei Zimmertemperatur 3 Monate ziehen lassen. Danach kann der Likör durch ein Sieb filtriert werden.

Gelee aus duftenden Blättern und Blüten

Blätter von Pfefferminz, Waldmeister, Zitronenmelisse, Rosmarin, Gundermann, Giersch, Blüten von Gänseblümchen, Labkräutern, Löwenzahn, Schwarzem Holunder, 1 l (Meßzylinder) voll Blätter oder Blüten, 1 l Wasser, 1 Zitrone (Saft), 1 kg Gelierzucker

Blätter oder Blüten im Meßzylinder abmessen, mit Wasser aufkochen und 1 – 2 min. köcheln lassen. Zum Abkühlen beiseite stellen und anschließend durch ein Sieb filtrieren. 3/4 l Saft abmessen, Zitronensaft und Gelierzucker zugeben und nach Anweisung auf der Packung zu Gelee kochen. Heiß in kleine Gläschen füllen und verschließen.

Kräuterbutter

250 g Butter, 20 g Würzkräuter (Giersch, Knoblauchsrauke, Gundermann, Kleiner Wiesenknopf, Wilder Majoran, Beifuß, Sauerampfer, Pfefferminz, Taubnessel), Prise Salz

Kräuter waschen, trocken tupfen und fein hacken. Anschließend in der sehr weichen Butter pürieren, mit Salz abschmecken und eine Stunde in den Kühlschrank stellen.

Kräuteressig

750 ml Weißweinessig oder 5%ige Essigessenz, 1 Kräutersträußchen Würzkräuter: Gundermann, Giersch, Beifuß, Knoblauchsrauke, Schwarzer Holunder (Blütendolde)

Die Kräuter bzw. Blütendolde im Ganzen in eine Flasche stecken und vollständig mit Essig übergießen. Die Flasche gut verschließen und bei Raumtemperatur mindestens 2 – 3 Monate ziehen lassen. In den ersten Tagen gelegentlich umschütteln, damit die Kräuter bis zum Absinken immer mit Essig bedeckt bleiben.

Kräuterlikör

1 Flasche 32%ige Korn, 80 g weißer Kandis, 1 Kräutersträußchen aus jeweils zwei Zweigen Beifuß, Gundermann, Giersch, Thymian, Wildem Majoran, Löwenzahn und, nach der Jahreszeit, 1 kleine Blütendolde Schwarzer Holunder, ein paar Weißdornfrüchte

Kräuter, Früchte und Kandis in eine Flasche füllen und mit Korn vollständig übergießen. Die verschlossene Flasche bei Raumtemperatur 2 Monate ziehen lassen.

Kräuterschmalz (pflanzlich)

200 g Palmin, 80 ml Sonnenblumenöl,
1 EL Röstzwiebeln, 1 EL getrocknete Kräuter, einzeln oder gemischt Beifuß, Wilder Majoran, 1/4 Tl Salz

Palmin mit Öl in einem Topf schmelzen. Zwiebeln sowie die gerebbelten Kräuter in das heiße Fett geben und etwa 5 min. erhitzen, aber nicht sieden lassen. Den Topf vom Herd nehmen und die Schmelze abkühlen lassen, bis das Schmalz wieder fest wird. Gelegentlich umrühren, damit sich Zwiebeln und Kräuter nicht am Boden absetzen.

Löwenzahn-Kaffee

Löwenzahnwurzeln ausstechen, Blätter abschneiden, putzen (wie Möhren) und in etwa 1 cm lange Stücke schneiden. Die Stückchen auf einem Backblech ausbreiten und im Backofen bei leicht geöffneter Tür solange bei 220 Grad rösten, bis die Wurzeln dunkelbraun geworden sind. Den Löwenzahnkaffee gut verschlossen aufbewahren und vor Gebrauch in einer Kaffeemühle mahlen und als Filter- oder Brühkaffee zubereiten.

Löwenzahnwurzel-Korn

50 – 70 g Löwenzahnwurzeln, 50 g weißer Kandis, 1 Flasche 32%iger Korn

Löwenzahnwurzeln waschen und mit dem Messer dunkle Stellen abkratzen, aber nicht zerschneiden. Wurzeln mit den übrigen Zutaten in eine Flasche füllen und mindestens 6 Wochen bei Raumtemperatur ziehen lassen. Die Löwenzahnwurzeln dürfen nicht aus dem Alkohol herausgucken, da sie sonst leicht schimmeln.

Löwenzahnblüten-Likör
Löwenzahnblüten-Magenbitter

2 handvoll Blüten (30 – 35 Blüten), 1 Flasche 32%iger Korn, 50 g Kandis für Likör

Alle Zutaten in eine Flasche füllen und mindestens 2 Wochen ziehen lassen bevor der Likör oder Magenbitter gebrauchsfertig ist. Die Blüten können, müssen aber nicht abgefiltert werden.

Löwenzahnsirup „Honig"

1 l Blüten (Meßzylinder), 1 l Wasser,
1 Zitrone (Saft), 1 kg Zucker oder
750 g Zucker und 250 g Traubenzucker

Blüten mit Wasser bedecken und aufkochen. Etwa eine halbe Minute köcheln lassen und dann den Topf zum Abkühlen beiseite stellen. Anschließend den Saft durch ein Sieb filtern, auf 1 l mit Wasser auffüllen, Zitronensaft und Zucker zugeben. Unter Rühren die Flüssigkeit aufkochen und bei mittlerer Hitze köcheln lassen, bis etwa die Hälfte des Wassers verdunstet ist. Den Sirup abkühlen lassen und den Vorgang so lange wiederholen, bis der Sirup zähflüssig geworden ist. Die heiße Lösung in Gläschen füllen und dicht verschließen.

Wildkräuter-Pesto

5 Knoblauchzehen, 50 g Pinienkerne,
50 g Parmesankäse (am Stück), 1/4 l Olivenöl,
100 g Würzkräuter (Mischungsverhältnis etwa

10 g Giersch, 50 g Gundermann, 10 g Beifuß, 15 g Knoblauchsrauke, 10 g Thymian, 10 g Wilder Majoran (Origano); etwas weißen Pfeffer

Kräuter waschen, sehr gut trocken tupfen und klein schneiden. Parmesankäse zerbröseln und alle Zutaten zusammen in Olivenöl pürieren. Mit weißem Pfeffer etwas abschmecken.

Weißdornmarmelade

1 kg Weißdornfrüchte, 1 kg Äpfel, etwas Apfelsaft, 1 kg Gelierzucker

Weißdornfrüchte waschen, verlesen und zusammen mit den kleingeschnittenen Äpfeln und etwas Apfelsaft weichkochen. Das Mus durch ein Sieb passieren, abwiegen und die entsprechende Menge Gelierzucker zugeben. Nach Anweisung der Firma zu Marmelade kochen und heiß in kleine Twist-off-Gläschen füllen.

Herzlikör

200 g Weißdornfrüchte, 1 Flasche 32%iger Korn, 100 g weißer Kandis

Früchte waschen, verlesen und in eine Flasche füllen. Kandiszucker zugeben und mit Korn auffüllen. Bei Zimmertemperatur mindestens 4 – 6 Monate ziehen lassen. Danach kann der Likör – muß aber nicht – durch einen Frittenfilter geklärt werden, da er etwas trübe ist.

Getränke

Blütenlimonade

1 l Apfelsaft, 2 Zitronen, 1/2 Flasche Mineralwasser, 2 Handvoll aromatische und duftende Blüten: Löwenzahn, Rosen, Ringelblumen, Pfefferminz, Echtes Labkraut, Wiesen-Labkraut, Lavendel, Mädesüß, Thymian, Wilder Majoran, Klee, Gänseblümchen, Dahlien, Kapuzinerkresse, Schwarzer Holunder, Veilchen, Borretsch, Weißdorn

Blüten beliebig nach der Jahreszeit gemischt in den Apfelsaft geben, mit den Händen kräftig zerdrücken und mindestens 3 Stunden kühl ziehen lassen. Anschließend die Limonade durch ein Sieb abgießen und wenn nötig filtrieren. Danach den Zitronensaft und eine Handvoll frische Blüten zufügen. Vor dem Servieren mit Mineralwasser aufgießen.

Gierschlimonade

1 Kräuterstrauß: 10 Blätter von Giersch, 1 Ranke Gundermann, 1 Stengel Pfefferminz; 1 l Apfelsaft, 1/2 Flasche Mineralwasser, 1 Zitrone (Saft)

Kräuterstrauß in den Apfelsaft hängen, kräftig drücken und kühl stellen. Nach mindestens 3 Stunden den Strauß herausnehmen, Zitronensaft und Mineralwasser zugeben.

Holunderpunsch

1/2 l Saft von Rotem oder Schwarzem Holunder, 1/2 l Apfelsaft, 1 Stange Zimt, 2 – 3 Gewürznelken, Honig zum Süßen

Alle Zutaten bis auf Honig miteinander vermischen und erhitzen. Zum Schluß mit Honig nach Bedarf süßen. (Saftherstellung s. Rezept Holundersaft)

Holundersaft

2 kg Früchte von Schwarzem oder Rotem Holunder

Früchte waschen, mit einer Schere die groben Stengel abschneiden und im Dampfentsafter entsaften und direkt in Twist-off-Flaschen füllen. Sollen die Früchte im Topf entsaftet werden, so werden sie mit einem Kartoffelstampfer oder ähnlichem zerdrückt und weichgekocht. Der Saft wird durch ein Tuch geseiht, nochmals erhitzt und dann heiß in Twist-off-Flaschen gefüllt.

Holundersekt

12 – 15 Holunderblüten-Dolden, 5 l Wasser, 1/8 l Obstessig, 5 Zitronen (Saft), 2 Zitronen unbehandelt, 500 g Honig

In einem Steingut- oder Glaskrug Wasser, Obstessig, Zitronensaft und Honig vermischen. Dicke Stengel der Blütendolden abschneiden und die Blüten in die Flüssigkeit tauchen und mit den Zitronenscheiben beschweren. Den Topf mit einem Tuch abdecken und warm stellen, am besten in die Sonne. Je nach Temperatur beginnt die Flüssigkeit nach 3-5 Tagen zu gären. Blüten täglich mit einem Löffel in die saure Flüssigkeit tunken, damit sie nicht schimmeln. Spätestens nach einer Woche kann man den „Sekt" trinken. Möchte man den Sekt aufbewahren, so muß er in Sektflaschen gefüllt, verkorkt und verdrahtet werden.

Holunderblütenlimonade

12 – 15 Holunderblüten-Dolden, 1,5 l Wasser, 1 Flasche Mineralwasser, 2 Zitronen (Saft), Honig nach Bedarf

Stengel der Dolden abschneiden und die Blüten mit Wasser aufkochen. Den Sud abkühlen lassen und filtrieren. Zitronensaft, Honig nach Bedarf zugeben und mit Mineralwasser auffüllen.

Holunderblütenbowle

5 Holunderblüten-Dolden, 1 l Apfelsaft, 1 Zitrone (Saft), 1 Flasche Mineralwasser

Stengel der Dolden abschneiden und Blüten für wenigstens 3 Stunden, höchstens über Nacht, in Apfelsaft legen. Blüten herausnehmen, Zitronensaft zugeben und mit Mineralwasser auffüllen.

Labkrautsekt

Zubereitung wie Holundersekt

Mandel-Aperitif

50 g sehr junge Weißdornblätter, 1 Flasche Weißwein, halbtrocken, 2 Likörgläser mit Sherry, Weißdornblüten zur Dekoration

Weißdornblätter kleinschneiden, in eine Flasche mit weiter Öffnung geben und mit Weißwein auffüllen. Gut verschlossen mindestens 3 Monate (dann blüht der Weißdorn) ziehen lassen. Zum Servieren in ein Weinglas ein wenig Sherry füllen, mit Wein auffüllen und mit Blüten dekorieren.

Weißdornwein „Erikas Herzwein"

2 kg Früchte, 4 l Apfelsaft, 4,5 l Wasser, 2,8 kg Zucker, 40 g Milchsäure 80%, 5 Nährsalztabletten, 10 ml Antigeliermittel „Antigel", 1 Reinzuchthefe „Portwein"

Früchte waschen und mit einem Kartoffelstampfer zerdrücken. Zusammen mit den übrigen Zutaten in einen Gärballon füllen und mit einem Gärröhrchen verschließen. Den Ballon bei Zimmertemperatur aufstellen. Je nach Temperatur beginnt die Gärung am 2. oder 3. Tag. Nach etwa 8 Tagen die Maische durch ein Sieb gießen und den Saft in einem Ballon weitergären lassen. Wenn die Gärung abgeschlossen ist, den Wein noch etwa einen Monat klären lassen (die Hefe setzt sich ab und der Wein wird klar) und dann abheben. Eventuell setzt sich nochmals Hefe ab, so daß der Wein ein zweites Mal geklärt werden muß. Danach kann der Wein in Flaschen gefüllt werden und weiter reifen.

Vier-Jahreszeiten-Kräuterbowle

1 Kräuterstrauß nach der Jahreszeit. Es eignen sich: Tannenspitzen, Waldmeister, Knoblauchsrauke, Pfefferminz, Zitronenmelisse, Gundermann, Giersch, Sauerampfer, Wilder Majoran, Wilde Möhre, Thymian, Salbei, Beifuß, Fichten-/Tannenspitzen und andere duftende Kräuter; 1 l Apfelsaft, 1/2 l Mineralwasser, 1 Zitrone (Saft)

Zubereitung wie Gierschlimonade.

Hauptgerichte

Gefüllte Blattrouladen

20 – 25 große Blätter von Beinwell oder Knoblauchsrauke
Für die Füllung: 100 g Grünkern, geschrotet, 250 ml Gemüsebrühe, 1 Zwiebel, 1 Ei, etwas Olivenöl, Würzkräuter nach Bedarf (Knoblauchsrauke, Giersch, Gundermann, Petersilie, Schnittlauch), 1 EL Würzhefeflocken, 50 – 100 g geriebenen Gouda
Für die Soße: 200 ml passierte Tomaten, 100 ml Sahne, 50 ml Wein, 1 Zwiebel, 2 EL Olivenöl, Salz, Zucker zum Abschmecken

Fein gehackte Zwiebel in Öl andünsten. Grünkern, Wasser, Gemüsebrühe und Salz zugeben und aufkochen. Den Grünkern etwa 15 min. köcheln lassen, vom Herd nehmen und ausquellen lassen. Die Kräuter waschen, abtropfen lassen, sehr fein hacken und zusammen mit Ei und Hefeflocken unter die Grünkernmasse kneten. Mit Salz und Zitronensaft sowie Hefeflocken kräftig abschmecken. Dicke Mittelrippen der Beinwellblätter entfernen oder flachklopfen. Die Blätter mit der Grünkernmasse bestreichen und aufrollen, eine Zwiebel sehr fein hacken und mit den Zutaten für die Soße vermischen und diese mit Salz und Zucker abschmecken. Eine feuerfeste Form mit Soße füllen und die gefüllten Blattröllchen hineinsetzen. Alles mit geriebenem Käse bestreuen und im vorgeheizten Backofen bei 250 Grad etwa 30 min. backen.

Blätter im Teigmantel

20 – 30 Sprossen von: Weißer Taubnessel, Weidenröschen, Beinwellblütensprosse, Knoblauchsrauke, Brennessel, Wiesen-Bärenklau, Salbei (aus dem Garten); 100 g Mehl, 60 ml Milch (1/2 Tasse), 125 ml Wasser, 1 EL Butter, 1 Eiweiß, Salz, Öl zum Ausbacken

Butter in Wasser bei schwacher Hitze schmelzen. Mehl mit Salz vermischen. Die lauwarme Butter-Wasser-Mischung in die Milch rühren und zum Mehl geben. Den Teig solange weiterrühren, bis er glatt und geschmeidig ist. Zudecken und etwa eine Stunde quellen lassen. Das Eiweiß steif schlagen und vorsichtig unter den Teig heben. Die Blätter waschen, trocken tupfen und durch den Teig ziehen. Die Blätter in heißem Öl von beiden Seiten goldbraun backen.

Gefüllte Tomaten
Gefüllte Blätter

8 Tomaten, 15 – 20 Beinwellblätter, 2 Handvoll Kräuter: Brennessel, Giersch, Wiesen-Bärenklau, Knoblauchsrauke, Vogelmiere, Gundermann, Beifuß, Brennessel; 3 Vollkornbrötchen, 8 Käsestreifen (Gouda), 2 Zwiebeln, 4 Knoblauchzehen, 2 Eier, 2 EL Würzhefeflocken, 2 Tl Zitronensaft, 1 Tl Salz
Für die Soße: 200 ml passierte Tomaten, 100 ml Weißwein, 4 Knoblauchzehen, 1 Zwiebel, Salz, Zucker zum Abschmecken

Vollkornbrötchen in Wasser einweichen und anschließend gut ausdrücken. Zwiebeln und Knoblauch pellen, grob schneiden und zusammen mit Eiern, Zitronensaft und Hefeflocken pürieren. Kräuter außer Beinwell waschen, abtropfen lassen, sehr fein hacken und zusammen mit der Eimasse zu den ausgedrückten Brötchen geben. Alles gut verkneten und mit Salz, Zitronensaft und Hefeflocken kräftig abschmecken. Am Stielansatz von den Tomaten kleine Deckelchen abschneiden, mit einem kleinen Löffel aushöhlen und mit der Teigmasse füllen oder Blätter mit einem Eßlöffel Teigmasse füllen und aufrollen. Eine Soße aus passierten Tomaten, Zwiebeln und Knoblauch sowie dem Inhalt der Tomaten durch Pürieren der Masse zubereiten. Die Soße in eine Auflaufform geben. Die Tomaten mit Beinwellblättern umhüllen und in die Auflaufform setzen. Jede Tomate bzw. Blattrolle mit Käsestreifen belegen und im vorgeheizten Backofen bei 250 Grad etwa 30 min. backen.

Brennesselgemüse

1 kg Brennesseln (junge Sproßspitzen), 2 Zwiebeln, 4 Knoblauchzehen (wenn gewünscht), Butter, Salz, Zitronensaft

Brennesseln waschen, in kochendem Wasser 1/2 min. blanchieren und danach in eiskaltem Wasser abschrecken. Zwiebeln und Knoblauch pellen, hacken und in Butter glasig dünsten, Brennesseln zugeben und etwa 5 – 10 min. dünsten. Gegen Ende der Garzeit Knoblauch zugeben, salzen und vor dem Servieren mit Zitronensaft beträufeln.

Badener Brennesselschnitzel

200 g Brennesselblätter, 3 Roggenbrötchen, 6 EL Milch, 30 g Butter, 1 Zwiebel, 4 EL Vollkornhaferflocken, Würzhefeflocken, Salz, Pfeffer frisch gemahlen, 1 Prise Muskatblüte, Öl zum Braten

Junge Brennesseln oder die oberen vier Blätter älterer Pflanzen waschen, mit heißem Wasser überbrühen, abtropfen lassen und fein hacken. Kleingeschnittene Zwiebel in Butter goldgelb anrösten. Roggenbrötchen in Würfel schneiden, mit Milch einweichen und wenn nötig anschließend ausdrücken. In einer Schüssel die gedünstete Zwiebel mit Brennesseln sowie allen anderen Zutaten zu einer Masse verkneten und nach Belieben würzen. Kleine Schnitzel formen, in Würzhefeflocken wenden und in Öl ausbacken.

Gierschreis

250 g Naturreis (1 Tasse pro Person),
500 g Giersch, Salz

Giersch waschen, abtropfen lassen und fein hacken. Reis kurz in der Pfanne ohne Fett rösten und anschließend mit ca. 1 l lauwarmen Wasser übergießen, etwas Salz zufügen und aufkochen. 10 bis 15 min. köcheln lassen und abgießen. In einem Topf etwas Butter zergehen lassen und Giersch darin andünsten. Danach den Herd abschalten, Reis zufügen und noch 10 min. quellen lassen.

Grünes Kartoffelpüree

2 Handvoll Brennesselblätter, 2 Handvoll Giersch, 1 kg Kartoffeln, 250 g Sahne, etwas Milch, 100 g Zwiebeln, 2 Knoblauchzehen, 1 Tl Salz, 1 Tasse Wasser

Kartoffeln schälen und bei geschlossenem Topf mit einer Tasse Wasser garen. Anschließend Salz zufügen, zerstampfen und die Sahne zugeben. Bei älteren Kartoffeln noch etwas Milch nachgeben. Gewaschene Brennesseln und Giersch etwas kleinschneiden und zusammen mit Zwiebeln und Knoblauch in 1/2 Tasse Wasser aufkochen. Zerstampfte Kartoffeln mit Kräutern mischen und mit Salz abschmecken.

Grüner Kartoffelsalat

8 große Kartoffeln, 1 Gurke, 2 Zwiebeln, 1 Apfel, 2 Handvoll Wildgemüse beliebig gemischt: Wiesen-Bärenklau, Giersch, Beinwell, Sauerampfer, Knoblauchsrauke, Beifuß, Maiwuchs Fichte/Tanne, Rotbuchenblätter, Spitzwegerich, 3 – 5 g Gundermann, 2 Stengel Pfefferminz; 6 EL Sonnenblumenöl, 3 EL Weinessig, 1 EL Apfelsaft, Salz/Zucker zum abschmecken

Kartoffeln zusammen mit Pfefferminz kochen und abpellen. Gurke, Apfel und Kartoffeln in Würfelchen schneiden, Zwiebel kleinhacken und alles zusammen vermischen. Wildgemüse sowie Gundermannblättchen gut waschen, abtropfen lassen und sehr fein hacken. Eine Marinade aus Essig, Öl und Apfelsaft zubereiten und mit Salz und Honig abschmecken. Alle Zutaten gut miteinander vermischen, kühl stellen und mindestens 5 Stunden ziehen lassen.

Grüne Plätzli

100 g Grünkern (grob geschrotet), 1 Zwiebel, 2 Knoblauchzehen, 1 Ei, 3 EL Würzhefeflocken, 1 Tl Gemüsebrühe, etwas Zitronensaft, 1/4 l Wasser, etwas Paniermehl, 100 g Wildgemüse einzeln oder beliebig gemischt: Brennessel, Giersch, Wiesen-Bärenklau, Knoblauchsrauke; Salz nach Bedarf, Fett zum Braten

Zwiebel und Knoblauchzehen pellen, fein hacken und etwa die halbe Menge zusammen mit dem Grünkern in Wasser 5 – 10 min. kochen und dabei gelegentlich umrühren. Danach den Topf beiseite stellen und den Grünkern noch etwas nachquellen und abkühlen lassen. Ei, Zitronensaft, Hefeflocken und die restliche Zwiebel mit Knoblauch pürieren und zum Grünkern geben. Mit Zitronensaft, Salz und Hefeflocken kräftig abschmecken. Wildgemüse waschen, abtropfen lassen, fein hacken und zum Grünkern geben. Nochmals abschmecken und wenn nötig solange Paniermehl zugeben, bis sich aus der Masse mit feuchten Händen Frikadellen formen lassen. Die Frikadellen in heißem Fett in der Pfanne goldbraun braten.

Kartoffelgratin

1 kg Kartoffeln (festkochend), 300 ml Milch, 300 ml Sahne, 4 Knoblauchzehen, 2 Lorbeerblätter, 2 Zweige Thymian, 1 Tl Salz, 150 g Gouda, 200 g Wildgemüse allein oder beliebig gemischt: Brennessel, Giersch, Wiesen-Bärenklau, Knoblauchsrauke, Vogelmiere, Wiesen-Labkraut

Kartoffeln schälen und mit dem Gurkenhobel in feine Scheiben schneiden. Milch mit Sahne, Lorbeerblatt, Thymian und Knoblauch aufkochen und mit Salz, Pfeffer und Muskatblüte würzen. Kartoffelscheiben in die kochende Flüssigkeit geben, nochmals aufkochen und dann vom Herd nehmen. Wildgemüse waschen, abtropfen lassen und in Streifen schneiden, danach in die noch heißen Kartoffeln geben. Anschließend alles in eine Auflaufform gießen und mit geriebenem Gouda bestreuen. Im vorgeheizten Backofen bei 220 Grad etwa 20 min. backen. Vor dem Servieren dick mit frisch gehackten Würzkräutern, z.B. Petersilie oder Schnittlauch, bestreuen.

Knoblauchsrauken-Crepes mit Wildgemüse-Füllung

150 g Mehl (1050 oder auch Vollkorn),
4 Eier, 60 g Knoblauchsrauke, 1/4 l Milch,
1/4 Tl Salz, Butter zum Ausbacken
Für die Füllung (10 Crepes): 40 Blätter Wildgemüse von Brennessel, Giersch, Wiesen-Bärenklau allein oder beliebig gemischt,
1 Zwiebel, 2 Knoblauchzehen, 100 g geriebener Gouda, 1/2 Zitrone

Eier mit Milch und Salz verquirlen. Knoblauchsrauke waschen, abtropfen, in Streifen schneiden und in dem Milch/Eigemisch pürieren. Die Flüssigkeit mit Mehl verrühren, eine halbe Stunde ausquellen lassen und nach Bedarf nochmals mit Salz abschmecken. In einer Crepe-Pfanne etwa 10 Crepes mit sehr wenig Butter ausbacken und warmstellen.

Für die Füllung: Grobe Stengel der Blätter entfernen. Das gewaschene Wildgemüse tropfnaß in wenig Fett zusammen mit feingehackter Zwiebel und Knoblauch je nach Beschaffenheit etwa 8 min. dünsten. (Es sollte nicht zu weich sein). Anschließend mit grobem Salz und Zitronensaft würzen. Käse über das heiße Gemüse streuen, etwas schmelzen lassen, in die Crepes füllen und anschließend mit frisch gehackten Kräutern bestreuen.

Kräuter-Tomatensuppe

500 ml passierte Tomaten, 200 ml Sahne, 1/4 l Weißwein, 1 große Zwiebel, 3 – 5 Knoblauchzehen, 4 EL Olivenöl, 1 Tl Salz, 1 Schnapsglas Sherry, 1 Liter-Meßzylinder gemischte Kräuter: Thymian, Kleiner Wiesenknopf, Wilder Majoran, 10 große Blätter Gunderman; Creme fraiche, Engelwurz und/oder Wiesen-Bärenklaufrüchte zum Garnieren

Zwiebel und Knoblauchzehen pellen, hacken und in Olivenöl glasig dünsten. Passierte Tomaten zufügen, Sahne, Salz, Wein und Sherry zugeben, erhitzen aber nicht kochen. Kräuter waschen, abtropfen lassen, fein hacken und in die heiße Suppe geben. Eventuell die Suppe pürieren. Mit Salz und Honig abschmecken, mit Creme fraiche und Engelwurz oder Wiesen-Bärenklaufrüchten garnieren.

Anmerkung: Es kann auch 1 Meßzylinder voll Vogelmiere, Beinwell, Brennessel, Giersch oder Wiesen-Bärenklau einzeln oder beliebig gemischt verwendet werden.

Löwenzahnknospen-Auflauf

2 Handvoll Knospen, 500 g Blumenkohl, 100 g Gouda, gerieben, 2 Eier, 200 g Sahne, Zitronensaft, Muskatblüte, Salz

Knospen und Blumenkohl waschen und in Röschen zerteilen. Beide Gemüse getrennt in wenig Salzwasser bißfest garen. Eier mit Sahne verquirlen und mit Zitronensaft, Salz, Muskatblüte kräftig abschmecken. Eine Auflaufform einfetten, Blumenkohl und Knospen einfüllen und die Eimasse darübergießen. Mit geriebenem Käse bestreuen und im Backofen 30 min. bei 220 Grad überbacken.

Der Auflauf kann auch nur mit Löwenzahnknospen oder auch statt mit Blumenkohl mit Broccoli angerichtet werden.

Bunter Nudelsalat

250 g bunte Nudeln, 1 Apfel, 3 saure Gurken, 2 hart gekochte Eier, 2 Handvoll gemischte Kräuter: Knoblauchsrauke, Taubnessel, Sauerampfer, Giersch, Gundermann, Wilder Majoran, Maiwuchs, Fichte/Tanne; 150 g Joghurt, 100 g Sahne, 1 EL Essig, 1 Zwiebel, 1 Tl Salz, Honig/Zucker zum Würzen

Nudeln in Salzwasser bißfest kochen. Apfel, saure Gurken und Eier in Stückchen schneiden. Kräuter waschen, gut abtropfen lassen, sehr fein hacken und mit den Nudeln vermengen. Die Zwiebel grob zerhacken und in Joghurt pürieren. Sahne und Essig zum Joghurt geben und mit Salz und Honig kräftig abschmecken.

Spitzwegerichknospen mit Champignons

400 g Champignons, 2 Zwiebeln, 50 g Knospen von Spitzwegerich, je 1 Stengel Thymian, Rosmarin und Wilder Majoran (Origano), Olivenöl, Salz, frisch gemahlener Pfeffer

Champignons waschen, putzen und blättrig schneiden. Zwiebel und Knoblauch hacken und in Olivenöl andünsten. Champignons mit Kräutern zugeben und dünsten. Gegen Ende der Garzeit, wenn die Flüssigkeit weitgehend verdunstet ist, Spitzwegerichknospen zugeben und für ein paar Minuten mitdünsten. Mit Salz und frisch gemahlenem Pfeffer abschmecken.

Stengelauflauf

500 g Blattstengel und/oder Blütenknospen von Wiesen-Bärenklau, 200 g Sahne, 1 Ei, 100 g Gouda, Zitronensaft, Salz/Muskatblüte

Blütenknospen sowie Stengel waschen, in kochendem Wasser etwa 3 – 5 (Knospen) bzw. 5 – 8 min. (Stengel) garen und gut abtropfen lassen, anschließend die Stengel in etwa 2 cm lange Stücke schneiden. Die restlichen Zutaten miteinander verquirlen, mit Zitronensaft, Salz und Muskatblüte abschmecken. Stengel/Knospen in eine Auflaufform geben, mit Käsescheiben belegen und 20 – 30 min. im vorgeheizten Backofen bei 220 Grad backen. Vor dem Servieren mit frischen Würzkräutern bestreuen.

Gebackene Wiesen-Bärenklaustengel

40 Blattstengelstücke, etwa 10 cm lang, 2 Eier, 4 – 6 Knoblauchzehen, etwas Mehl und Paniermehl, 1 Zitrone, Butterschmalz (Butaris), Salz, 1,5 l Wasser

Blätter mit fingerdicken Stengeln (Stiele) sammeln, Blattgrün entfernen und die Stengel in 10 cm lange Stücke schneiden. Wasser mit einem Teelöffel Salz zum Kochen bringen, Stengel hineingeben, 7 – 10 min. köcheln lassen, mit einem Schaumlöffel herausnehmen und mit kaltem Wasser abschrecken. Die abgetropften Stengel, die nach dem Kochen etwas faserig aussehen, zuerst in Mehl, dann in verschlagenem und gesalzenem Ei und anschließend in Paniermehl wälzen. Butterschmalz in einer Pfanne erhitzen und die panierten Stengel darin goldbraun braten. Sind die Stengel fast fertig, den gehackten Knoblauch zugeben und noch kurze Zeit mitbacken.

Vor dem Servieren mit Zitronensaft beträufeln und mit Zitronenscheiben garnieren.

Das Blattgrün kann für Suppen, Kartoffelsalate und Füllungen und die Kochbrühe für Suppen und Saucen weiterverwendet werden.

Wiesensuppe

1000 g Kartoffeln, 2 Zwiebeln, 4 Knoblauchzehen, 2 Tl Gemüsebrühe, 1 Tl Salz, 1 Zitrone, ca. 1 l Wasser, Würzhefeflocken, 1 Tasse Weißwein, 200 g Wiesen-Bärenklau, Giersch, Beinwell, Brennessel, Bärlauch, Knoblauchsrauke, Vogelmiere, einzeln oder beliebig gemischt, Gänseblümchen, Weidenröschen, Gundermannblüten, Margeriten, Wiesenklee zum Garnieren

Kartoffeln schälen und in Stücke schneiden. Zwiebeln und Knoblauch pellen und grob hacken. Alles zusammen mit Salz und Gemüsebrühe in Wasser gar kochen. Wildgemüse waschen, abtropfen, grobe Rippen entfernen, in Streifen schneiden und in die heiße, nicht mehr kochende Suppe geben. Etwas ziehen lassen und mit dem Zauberstab pürieren. Den Weißwein sowie Zitronensaft zugeben und mit Salz und Würzhefeflocken abschmecken.

Die fertige Suppe nach der Jahreszeit mit Gänseblümchen und/oder Margeriten garnieren und mit einem Häubchen von Creme fraiche servieren.

Wilder Broccoli (Wiesen-Bärenklau-Blütenknospen)

40 Knospen-Dolden Wiesen-Bärenklau, 1 Zwiebel, 4 Knoblauchzehen, Salz, Würzhefeflocken, etwas Butter, Zitronensaft

Knoblauch und Zwiebel hacken. Dolden waschen und in wenig Salzwasser zusammen mit der gehackten Zwiebel etwa 3 min. garen. Wenn das Wasser weitgehend verdunstet ist, Butter und gehackten Knoblauch zugeben und nochmals 1 min. dünsten. Anschließend nach Geschmack noch etwas salzen und mit Hefeflocken bestreuen.

Gedünstetes Wildgemüse

200 g Löwenzahn (nur sehr junge Blätter), Giersch, Brennessel, Wiesen-Bärenklau, Knoblauchsrauke, Vogelmiere, Wiesen-Labkraut, Weiße Taubnessel, Spitzwegerich, Breitwegerich, Blütensprosse von Beinwell einzeln oder beliebig gemischt, 2 mittelgroße Zwiebeln, 4 Knoblauchzehen, Butter, Zitronensaft, Salz, frisch geriebener Pfeffer

Zwiebel, Knoblauch pellen und hacken. In einer Pfanne mit Butter glasig dünsten. Blätter waschen, abtropfen lassen und in kochendem Wasser blanchieren, bis sie zusammenfallen (etwas 1/2 – 1 min.), herausnehmen und zu den übrigen Zutaten in die Pfanne geben und bei milder Hitze mehrfach wenden, bis die Blätter weich sind. Der Knoblauch darf dabei nicht zu braun werden. Mit Zitronensaft beträufeln und mit Salz und Pfeffer abschmecken.

Salate

Blumenstraußsalat

2 Handvoll Blüten nach der Jahreszeit gemischt: Gänseblümchen, Rotklee, Löwenzahn, Taubnesseln, Margeriten, Wiesenkerbel, Weidenröschen, Spitzwegerichknospen, Ringelblumen, Kapuzinerkresse, Malve, Tannen-/Fichtenspitzen; 1 Handvoll Fette Henne, 1 Handvoll Wiesen-Labkraut (Sproßspitzen), 1 Apfel oder 1 Eisbergsalat, 2 EL Distelöl, 1 EL Obstessig, 2 EL Apfelsaft, Salz

Wiesen-Labkraut, fette Henne oder Eisbergsalat waschen und abtropfen lassen. Apfel in kleine Würfel schneiden und den Eisbergsalat zerpflücken. Gelbe Blüten von Löwenzahn oder Ringelblumen aus dem grünen Körbchen zupfen. Blätter mit Blüten und Apfelstückchen vermischen. Eine Marinade aus Essig, Öl und Apfelsaft rühren und mit Salz abschmecken. Alles miteinander vorsichtig vermengen und mit Blüten bestreuen.

Frühlingssalat Wiesensalat

4 Handvoll Blätter, nach der Jahreszeit gemischt oder einzeln: Tannen-/Fichtenspitzen, Giersch, Sauerampfer, Fette Henne, Schlangenknöterich, Gänseblümchen, Rotklee, Löwenzahn, Taubnesseln, Labkraut, Vogelmiere, Wegerich, Wiesenkerbel, Wiesen-Bärenklau, Malve, Weidenröschen, ein paar Löwenzahnblüten, 2 EL Distelöl, 1 EL Obstessig, 2 EL Apfelsaft, Salz, Zucker

Blätter waschen, abtropfen lassen und je nach Größe etwas kleinpflücken. Eine

Marinade aus Essig, Öl und Apfelsaft rühren und mit Salz und Zucker abschmecken. Alles miteinander vorsichtig vermengen und mit ausgezupften Löwenzahnblüten bestreuen.

Gurkensalat mit Giersch und Gundermann

1 Handvoll junge Gierschblätter, 5 g Gundermannblättchen, 1 Salatgurke, 2 Äpfel, 2 kleine Zwiebeln, 3 EL Sahne, 3 EL Apfelsaft,
1 Tl Zitronensaft, Salz/Zucker zum Würzen

Gurke, Äpfel und Zwiebel in kleine Würfel schneiden. Gewaschenen Giersch etwas zupfen und die Stengel entfernen. Gundermann waschen und sehr fein hacken. Sahne, Apfel- und Zitronensaft verquirlen, Gundermann zugeben und mit Salz und Honig abschmecken. Giersch mit allen anderen Zutaten vermischen und die Sauce darübergießen.

Käsesalat mit Spitzwegerich

500 g Gouda, 2 Zwiebeln, etwa 100 g Spitzwegerichblätter, 4 EL Öl, 1 EL Weinessig,
1 EL Zitronensaft, 1 EL Mineralwasser, Salz, Zucker, frisch gemahlener Pfeffer

Gouda in „mundgerechte" Stückchen und Zwiebel in Ringe schneiden. Spitzwegerich waschen, abtropfen lassen und in Streifen schneiden. Aus den übrigen Zutaten eine Marinade rühren, mit Salz, Zucker/Honig und frisch geriebenem Pfeffer abschmecken, alles miteinander vermischen.

Spitzwegerich-Apfelsalat
Labkraut-Apfelsalat

6 Äpfel, 2 handvoll Spitzwegerichblätter oder junge Sprosse von Labkraut, 1 Zitrone,
50 g Haselnüsse (grob gehackt), 3 EL Sahne,
3 EL Apfelsaft, 1 Tl Öl, 1 Tl Obstessig, ein wenig Zitronensaft, Salz/Honig

Äpfel waschen, in dünne Scheiben schneiden (Gurkenhobel) und mit dem Saft einer Zitrone beträufeln. Spitzwegerich bzw. Labkraut waschen, abtropfen und in Streifen schneiden. Aus den übrigen Zutaten eine Marinade rühren und mit Salz und Honig süßlich abschmecken.

Labkraut-Tomatensalat

6 Tomaten, 2 Handvoll Sproßspitzen,
1 Zwiebel, 4 EL Sonnenblumenöl,
1 EL Obstessig, 1 – 2 EL Mineralwasser,
Salz/Honig/Zucker zum Abschmecken

Tomaten und Zwiebel in Scheiben bzw. Ringe schneiden. Wiesen-Labkraut waschen und abtropfen lassen. Aus den übrigen Zutaten eine Marinade rühren, abschmecken und alle Zutaten miteinander vermischen.

Wildkräuter-Tomatensalat

1 Handvoll Kräuter einzeln oder beliebig gemischt: Knoblauchsrauke, Giersch, Wiesen-Bärenklau, 10 Blättchen Gundermann;
6 Fleischtomaten, 1 Zwiebel, 4 – 6 Knoblauchzehen, 3 EL Öl, 1 EL Obstessig, 2 EL Mineralwasser, Salz/Honig zum Würzen

Tomaten waschen und in Scheiben schneiden, Zwiebel pellen und ebenfalls in Scheiben schneiden. Knoblauch pellen und durch die Knoblauchpresse drücken. Alles zusammen vermischen. Kräuter waschen und gut abtropfen lassen. In den Monaten April bis Juni die Blätter nur kleinzupfen, später in Streifen schneiden oder fein hacken. Aus den übrigen Zutaten eine Marinade rühren und alles miteinander vermengen.

Löwenzahnsalat mit Eiern

4 Handvoll Löwenzahnblätter, 2 Eier, 2 Scheiben Weißbrot, 1 EL Öl, 1 EL Zitronensaft, 1 EL Mineralwasser, etwas Salz und Senf

Löwenzahnblätter waschen und zerzupfen, Eier hart kochen und achteln. Eine Marinade aus Öl, Zitronensaft, Mineralwasser und Senf rühren, mit Salz und Zucker abschmecken und mit dem Löwenzahn vermischen. Weißbrot in Stückchen schneiden, in etwas Butterschmalz in der Pfanne rösten und noch warm zusammen mit den Eiern zum Löwenzahn geben.

Vorspeise

Gedünstete Breitwegerich-Kölbchen

250 g noch grüne Fruchtstände, 1 Zwiebel, 1 Knoblauchzehe, 1/4 Tasse Wasser, etwas Butterschmalz, Salz und frisch gemahlener Pfeffer nach Geschmack

Fruchtstände waschen und Stengel entfernen. Zwiebel und Knoblauch hacken und in Butterschmalz glasig dünsten. Kölbchen und Wasser zufügen und weichdünsten. Wenn die Flüssigkeit weitgehend verdunstet ist, salzen und nach Geschmack frisch gemahlenen Pfeffer zugeben.

Gefüllte Blätter mit Kräuterkäse

20 – 25 große Blätter Beinwell oder Knoblauchsrauke, 100 ml Olivenöl, 100 ml Wasser, 50 ml Zitronensaft, 200 g Frischkäse, 200 g Schafs- oder Briekäse, 100 g Gorgonzola, 2 Knoblauchzehen, Salz nach Bedarf, Würzkräuter (Thymian, Wilder Majoran, Gundermann, Knoblauchsrauke)

Aus Olivenöl, Wasser und Zitronensaft eine Marinade rühren und mit Salz, frisch gemahlenem Pfeffer und Zucker abschmecken. Die Blätter für ca. vier Stunden in die Marinade legen und anschließend gut abtropfen lassen. In der Zwischenzeit die Füllung zubereiten. Knoblauch und Würzkräuter sehr fein hacken. Frischkäse mit Schafskäse vermischen und die fein gehackten Kräuter zufügen. Die Masse mit Salz, Zucker und etwas Zitronensaft abschmecken und die Blätter damit füllen. Die gefüllten Blätter können zusammen mit der Marinade serviert werden.

Gurkensuppe (kalt) mit Brennesselsamen

1 Gurke, 1 mittelgroße Zwiebel, 1 güne Paprika, 1 TL Salz, 4 EL Olivenöl, 2 EL Essig, 1/2 – 1 Tasse Brennesselsamen, Gundermannblüten und -blättchen

Gurke würfeln, Zwiebel pellen, Paprika entkernen, in grobe Stücke schneiden und zusammen mit den übrigen Zutaten pürieren. Mit Salz und ein wenig Honig abschmecken. Brennesselsamen unterrühren und zusätzlich auf die Suppe streuen. Mit Gundermannblüten und -blättern garnieren.

Kräuterquark

1 Handvoll Würzkräuter (Giersch, Knoblauchsrauke, Kleiner Wiesenknopf, Sauerampfer, Sauerklee, Wilder Majoran, Pfefferminz, Gundermann, Maiwuchs von Fichte/Tanne), 250 g Quark, 100 ml Sahne, 125 g Joghurt, 1/2 Zwiebel, 2 Knoblauchzehen, Zitronensaft, Salz, Honig, etwas Milch

Die gewaschenen und gut abgetropften Blätter kleinschneiden und anschließend zusammen mit gehackter Zwiebel und Knoblauch in Joghurt pürieren. Kräuterjoghurt mit Quark verquirlen und mit Zitronensaft, Salz und Honig abschmecken. Nach Bedarf etwas Milch zufügen, damit der Quark schön geschmeidig wird. Zum Schluß die Sahne steif schlagen und unterheben.

Kräuter-Gurkensuppe (kalt)

1 Gurke, 1 mittelgroße Zwiebel, 1 grüne Paprika, 1 TL Salz, 4 EL Olivenöl, 2 EL Essig, 100 ml Sahne, 10 – 20 Blättchen Gundermann, 1 Meßzylinder mit Vogelmiere, Beinwell, Giersch, Wiesen-Bärenklau, einzeln oder beliebig gemischt, Blüten wie Gänseblümchen oder Wiesenklee zum Garnieren

Gurke würfeln, Zwiebel pellen, Paprika entkernen und in grobe Stücke schneiden. Kräuter waschen, abtropfen lassen und in Streifen schneiden. Alle Zutaten miteinander vermischen und pürieren. Zum Schluß die Sahne zufügen, mit Salz und ein wenig Honig abschmecken und mit Blüten garnieren.

Kräuterkartoffeln

20 sehr kleine Kartoffeln, 1 handvoll Kräuter einzeln oder beliebig gemischt: Beifuß (Blütenknospen), Giersch, Knoblauchsrauke, Gundermann, Taubnessel, Wiesen-Bärenklau, Thymian, Wilder Majoran; 3 Knoblauchzehen, Butterschmalz zum Ausbacken, 1 Tl grobes Salz

Kartoffeln in der Schale weich kochen. Kräuter waschen und sehr fein hacken. Knoblauch pellen und fein hacken. In einer Pfanne Butterschmalz zerlaufen lassen und die Kartoffeln darin rösten. Anschließend die fein gehackten Kräuter zugeben und mehrfach wenden. Danach den Knoblauch zufügen und für kurze Zeit mitrösten. Zum Schluß Salz darüberstreuen.

Löwenzahnkapern

2 Handvoll Knospen, Salz, 1/4 l Kräuteressig, einige Pfefferkörner, ein Zweig Estragon

Knospen waschen, abtropfen und über Nacht in Salz legen. Danach abspülen, gut abtropfen lassen und trocken tupfen. Die Knospen zusammen mit Pfefferkörnern und Estragon in Essig aufkochen, mehrmals darin aufwallen lassen und in Gläser füllen.

Eingelegte Löwenzahnwurzeln

1 Handvoll Löwenzahnwurzeln, 1 Zwiebel (mittelgroß), 6 Knoblauchzehen, 1/2 TL Salz, eine Prise Zucker, 1/4 l Weißwein, 6 EL Essig, 2 EL ÖL

Wurzeln waschen, mit dem Messer auskratzen und in 2 cm lange Stücke schneiden.

Zwiebel pellen, grob hacken und in Öl andünsten. Weißwein, Essig, Öl, Gewürze zugeben und ca. 5 – 10 min. köcheln lassen, bis die Wurzelstücke weich sind. Sehr heiß in Twist-off-Gläser füllen.

Marinierter Briekäse auf Beinwell mit Dost und Pfefferminz

300 g Briekäse, 100 ml Olivenöl, 100 ml Wasser, 50 ml Zitronensaft, 2 – 3 Knoblauchzehen, Schale einer 1/2 Zitrone (unbehandelt), Salz, Zucker, frisch gemahlener Pfeffer, je 3 – 4 Stengel Dost und Pfefferminz, 10 – 20 Beinwellblätter

Briekäse in Gabelbissen und Knoblauch in Scheibchen schneiden. Zitronenschale mit einem Kartoffelmesser abschälen. Eine Marinade aus Olivenöl, Wasser, Zitronensaft zubereiten und mit Salz, Zucker und Pfeffer abschmecken. In eine Schüssel abwechselnd schichten: Eine Lage Kräuter mit Knoblauch und Zitronenschale, eine Lage Käse und mit einer Lage Kräuter enden. Die Marinade darübergießen und mindestens 12 Stunden ziehen lassen. Dicke Blattrippen der Beinwellblätter mit der Schere herausschneiden und die Blätter anschließend waschen. Eine flache Schüssel mit den gut abgetrockneten Blättern auslegen, die Hälfte der Käsemenge darübergießen und nochmals eine Lage Beinwellblätter einschichten. Den Rest Käse mit Marinade darübergießen und zugedeckt nochmals 3 Stunden kühl stehen lassen. Vor dem Servieren mit Beinwellblütenzweigen dekorieren.

Mixed Pickles

Löwenzahnknospen, Gänseblümchenknospen, Fruchtstände von Breit- und Spitzwegerich, Früchte der Kapuziner-Kresse, Maiwuchs Fichte/Tanne, 2 Handvoll Knospen oder Früchte gemischt oder einzeln, 4 kleine Zwiebeln, 6 Knoblauchzehen, 1/2 Tl Salz, eine Prise Zucker, 1/4 l Weißwein, 6 EL Essig, 2 EL Öl, 1 Tl Samen von Knoblauchsrauke (wenn vorhanden)

Wildgemüse mit grob gehackten Zwiebeln und Knoblauch in Öl andünsten, Flüssigkeit und Gewürze zugeben und ca. 5 min. köcheln lassen. Sehr heiß in Twist-off-Gläser füllen und verschließen.

Pastete von Brennessel, Giersch und Beinwell

200 g Brennesselblätter und/oder Giersch, Beinwell, 8 Eier, 1/4 l Milch, 1/4 l Sahne, Salz, Muskatblüte, Pfeffer frisch gemahlen

Milch mit Sahne verrühren. Zarte Brennesselblätter waschen, gut trockenschleudern und grob schneiden. Blätter in 1/4 l Sahne-Milch-Gemisch pürieren, auf 1/2 l auffüllen und mit den Eiern kräftig verquirlen. Eine Kastenform fetten, die Flüssigkeit einfüllen und in eine größere Auflaufform mit Wasser setzen. Die Pastete im Backofen bei 200 Grad mindestens 45 min. im Wasserbad stocken lassen. Anschließend die Pastete auf einen Teller mit Brennesselgemüse oder frischen Kräutern stürzen.

Stengel süß-sauer

20 Blattstengel Wiesen-Bärenklau oder Beinwellblütensprosse, 1/4 l Wein, 6 EL Weinessig, 1 Zwiebel, 1 EL Olivenöl, 1 Tl Samen von Knoblauchsrauke (wenn vorhanden), Salz, Zucker

Fingerdicke Stengel in etwa 5 cm lange Stücke schneiden, waschen und abtropfen lassen. Wein mit Essig, Salz und Zucker vermischen. Stengel zusammen mit feingehackter Zwiebel in Öl andünsten, mit dem Wein – Essig Gemisch ablöschen und etwa 5 – 10 min. köcheln lassen. Die Stengel in Twist-off-Gläser schichten, mit dem heißen Sud übergießen und sofort verschließen.

Taboulé mit Wildkräutern

250 g Couscous, 2 Zitronen (Saft), 4 Tomaten, 1/8 l Wasser, 2 EL Distelöl, 1/8 l Apfelsaft, 2 Tl Salz, 50 g Kräuter (Pfefferminz, Giersch, Knoblauchsrauke, Gundermann, Sauerampfer, Kleiner Wiesenknopf, Beifuß, Maiwuchs Fichte/Tanne)

Kräuter waschen, abtropfen lassen und sehr fein hacken. Wasser, Apfelsaft, Zitronensaft und Öl verquirlen und mit Salz abschmecken. Tomaten achteln und zusammen mit den Kräutern unter das trockene Couscous mischen. Anschließend die Soße unterheben und das Taboulé mindestens 12 Stunden quellen lassen.

Tapenade

250 g Blütenknospen Löwenzahn, Spitzwegerich oder Gänseblümchen, Blattstengel von Wiesen-Bärenklau, Giersch, Maiwuchs Fichte/Tanne, 150 g Salz, 200 g Tomaten, 4 Knoblauchzehen, 1 Zwiebel, 6 EL Olivenöl, 3 EL Balsamessig

Knospen bzw. Stengel waschen, Stengel in etwa 1 cm lange Stückchen schneiden, in Salz einlegen und 24 Stunden ziehen lassen. Anschließen mehrfach sehr gut abspülen, damit alles überschüssige Salz entfernt wird. Tomaten abbrühen, schälen und in Stückchen schneiden, dabei Saft mit Kernchen entfernen. Zwiebel und Knoblauch in grobe Stückchen schneiden und alles zusammen mit Essig und Öl vermengen.

Vogelmiere-Meerrettich-Sahne

1/4 l Sahne, 1/4 Stange frischer Meerrettich oder 50 g abgepackter, geriebener Meerrettich, 10 g Vogelmiere, etwas Zitronen- und Apfelsinensaft, Salz, Zucker zum Abschmecken

Sahne steif schlagen. Vogelmiere waschen, trockentupfen und sehr fein hacken. Meerrettich reiben und zusammen mit Vogelmiere unter die Sahne heben. Mit Salz, Zucker, Zitronen- und Apfelsinensaft abschmecken.

Nachwort und Danksagung

Es ist schon lange her, seit ich als Kind mit meiner Mutter Schafgarbe, Löwenzahn, Sauerampfer und vieles mehr für unsere Frühlingssuppe gesammelt habe. Damals bechloß ich, Botanikerin zu werden, um Pflanzen zu erforschen. Allerdings hatte ich keinerlei Vorstellung, was „Erforschen“ sein könnte noch wie man es erlernen sollte. Später fesselte mich in der Tat die Erforschung des Stoffwechsels der Pflanzen. Die wissenschaftliche Arbeit „verbannte“ mich leider viele Jahre ins Labor und an jedem schönen Sonnentag träumte ich davon, die Pflanzen vor Ort zu beobachten anstelle ihrer grünen Extrakte im Reagenzglas.
Inzwischen sind mehr als zehn Jahre vergangen, seit ich das Labor verlassen habe und in die Natur gezogen bin, um mich wieder der „Frühlingssuppe“ widmen zu können. Daß ich diesen Schritt wagen konnte, habe ich nicht zuletzt meinem Mann zu verdanken, der bereit war, im Labor zu bleiben und während der Anlaufphase meiner neuen beruflichen Karriere für die finanzielle Sicherheit der Familie zu sorgen. Ebenso danke ich meinen Kindern Annegret und Bärbel, die mit viel Geduld und Eigenständigkeit ertrugen, daß ihre Mutter schon wieder Kräuter sammelte.
Ganz besonders danke ich aber Erika Boysen, die sich als eine meiner ersten Kursteilnehmerinnen für meine Ideen begeisterte. Ihr fachliches und praktisches Wissen als Hauswirtschaftsmeisterin und Fachlehrerin hat dazu beigetragen, daß die Rezepte die richtigen Beilagen bekamen und einfach zuzubereiten waren. Wenn es mir an Zeit mangelte, probierte sie Rezeptideen aus und gab sie zuerst ihrem Mann Adolf zu kosten, dem ich nicht nur für diese Hilfe danke.

Danken möchte ich auch Peter Schäfer, Leiter der Kurverwaltung in Bad Münstereifel, der vor 20 Jahren den Mut hatte, mein Kräuterseminar in die Angebote der Kurstadt aufzunehmen. Etwas Neues muß einen zugkräftigen Namen haben, und so prägte er den Titel „Delikatessen am Wegesrand“, der inzwischen zu einem Markenzeichen für den schmackhaften Umgang mit der Natur geworden ist und unserer Buchreihe die Titel gab - DELIKATESSEN AM WEGESRAND - DELIKATESSEN AM WIESENRAND - DELIKATESSEN AM WALDESRAND. Dank gilt auch dem WDR und Dr. Wilfried Bommert, dem Leiter der WDR Hörfunk-Redaktion Umwelt und Landwirtschaft, der mit seinem Spürsinn für interessante Themen der Sympathieerklärung für Un-Kräuter in seinem Umweltprogramm einen festen Platz einräumte.
Und natürlich kann man etwas Neues am besten mit tatkräftiger kollegialer Unterstützung verwirklichen. Dirk Holterman, bekannter TV und Radiomacher für den WDR - sicher kennen Sie seine „Streifzüge“ durch die Lande (immer im WDR) - hat sich dabei nicht nur für dir Radrouten interessiert, wie DIE RHEINBACHER BURGENRUNDE, sondern auch für die KRÄUTER AM WEGESRAND Er dachte auf seinen Touren an die vielen Köstlichkeiten, die wir daraus schon in Fernseh- und Radiosendungen zubereitet haben. Auch die vielen, vielen Teilnehmer meiner Kurse gaben und geben Anregungen. Ich freue mich auf Sie alle und schauen Sie doch mal auf unsere Internetseite:

www.un-kraut.de

www.kraeuterpaedagoge.de

Da finden Sie viele weitere Informationen und die aktuellen Seminartermine

Brigitte Klemme